사회
에서

배우
다

사회
에서

배우
다

초판 1쇄 발행   2023. 6. 13.

지은이 최미애
펴낸이 김병호
펴낸곳 주식회사 바른북스

편집진행 황금주
디자인 김민지

등록 2019년 4월 3일 제2019-000040호
주소 서울시 성동구 연무장5길 9-16, 301호 (성수동2가, 블루스톤타워)
대표전화 070-7857-9719 | **경영지원** 02-3409-9719 | **팩스** 070-7610-9820

• 바른북스는 여러분의 다양한 아이디어와 원고 투고를 설레는 마음으로 기다리고 있습니다.

이메일 barunbooks21@naver.com | **원고투고** barunbooks21@naver.com
홈페이지 www.barunbooks.com | **공식 블로그** blog.naver.com/barunbooks7
공식 포스트 post.naver.com/barunbooks7 | **페이스북** facebook.com/barunbooks7

ⓒ 최미애, 2023
ISBN 979-11-93127-27-8 03190

사회에서 배우다

최미애 지음

Learn from Society

삶을 꽃피우는 오아시스 같은 인문학 도서의 결정판
위로가 필요한 마음을 어루만지는 감사의 글!

바른북스

추천서

뉴스 속에서 알리는 세상은 이미 아비규환인 듯합니다. 이 세상 속 우리들은 각자만의 이익을 위해 치열하고 처절하게 살아가고, 상처받거나 쓰러지거나 도태되는 사람들이 부지기수로 생깁니다.

여기저기서 귀를 울리는 처연한 소리들 한가운데 놓여 있는 것이 개개인이 처한 현실입니다.

인간은 사회적 동물이기에 싫든 좋든 관계를 맺으며 살아갑니다. 그 속에서 서로의 이해관계가 충돌하여 상처 입기도 하고 반대로 타인 덕분에 더 행복해지기도 합니다.

우리는 누구라도, 파도치는 해변의 한 알 모래처럼, 너른 사회 속 한 개인이 되어 타인들과 함께 이리저리 부딪치며 살아갈 수밖에 없습니다.

태어나 보니, 이미 사회인인 것입니다.

이 책은 사회 속에서 겪고 보고 들은 크고 작은 불편한 진실을 담 담하게 마주하고 있습니다. 처한 환경이나 상황을 탓하기보단, 아름 답지만은 않은 현실을 인정하고 그 속에서 행복할 수 있는 방법에 대해 살펴보도록 돕는 글들을 담고 있습니다.

아비규환 속에서도 인간과 사회에 대한 통찰을 배워 내며 삶을 보 다 감사하게, 의미 있게 이끄는 단서를 찾아 줍니다.

사회는 그래도 우리가 딛고 서서 믿고 살아갈 유일한 삶터임을 상 기시켜 주며, 글쓴이는 긍정적 변화를 추구하는 일종의 '우리를 위 한 기도'의 글을 보내 왔습니다.

우리는 이 작은 기도들 속에서 사회관계 속에서 다친 마음을 치유 하고 우울감을 떨쳐 버리고 자살 충동에서 벗어날 수 있도록 뚜렷한 삶의 속삭임을 들을 수 있습니다.

무엇보다도 '건강한 신체는 물론 건강한 마음까지 챙기고 돌보는 책'이므로, 제가 오랫동안 주장해온 '인문적 스포츠'와 '스포츠 리터 러시' 등 인문적 체육의 교육철학과도 일맥상통하는 모습을 여기저 기서 발견하게 됩니다.

저와는 달리 그것을 좀 더 쉬운 목소리로 일상생활과 사회관계 속 에서 녹여 들려주고 있습니다.

바라건대, 제가 그랬던 것처럼, 회피할 수 없이 살아 내야만 하는 사회적 삶 속에서 저자가 낚아서 건져 올린 가르침들을 조용히 음미하면서 독자들께서도 각자의 건강한 삶을 꽃피우는 소중한 단서들을 발견해 내실 수 있기를 소원합니다.

최 의창
서울대학교 체육교육과 교수
2023. 4. 14.

들어가는 말

살아 있는 글을 쓰고 싶습니다.

가벼운 것 같지만 결코 가볍지 않은 글, 쉬운 것 같으면서도 철학적 사고가 독자들에게 쉽게 전달될 수 있는 그런 글을 말입니다.

지치지 않고 사회에서도 열심히 배우다 보니, 저도 모르는 사이에 작가가 되어 있었습니다. 전혀 생각지도 못한 일이 일어난 것입니다.

살아오면서 배웠던 것들을 조금씩 정리하니 배우다 시리즈가 되어 가고 있습니다.

식물에게 물 주면서 식물에게 배우고, 놀이로도 배우고, 자연에서도 배우고, 지금은 긍정적 시선으로 사회에서 배우고자 합니다.

식물에게 배우면서 '감성에서 지성을 이끌어 낼 수도 있구나! 감성에서 지성을 배울 수도 있구나!'라는 생각이 들었습니다.

놀이로 배우면서 잘 놀면 신체와 정신이 자라는 데 필요한 긍정적 자양분을 놀이를 통해 만들 수 있다는 귀한 결론을 얻었고 자연에서 배움 또한 건강한 메타인지를 이해하는 데 큰 도움이 되었습니다.

그러니 이번 《사회에서 배우다》에서는 새롭게 배울 대상이 사회인 만큼 사람과 사람들 속에서 받아들여야 하는 알맹이들이기에 스트레스나 상처는 조금만 받았으면 하는 바람입니다.

뭐 그리 거창한 것이 아니더라도 새로운 것을 알게 되었을 때의 기쁨이 유난히 크다는 것을 알았을 때, 저도 몰랐던 제 자신에 대한 신선한 발견이었으며, 이 나이에도 배우는 즐거움을 누리며 또래보다 젊게 살 수 있는 저는 행운아라는 생각이 듭니다.

책을 읽고 있으면 네가 옆에서 읽어 주고 있는 느낌이야, 네 목소리가 들리는 것 같다는 친구의 말에 용기를 얻었고 안도감과 함께 내심 기뻤습니다.

처녀작이 세종도서인증마크를 달게 되었다는 소식을 듣고 심적 부담이나 책임감을 다소 덜게 되었으며 주춤하고 있던 《사회에서 배우다》 글쓰기에 용기를 내 가속도가 붙습니다.

《사회에서 배우다》는 배우다 시리즈 네 번째 책으로, 이제 저는 또 한 번의 도전을 시작하려 합니다.

인생이 계획대로 되지 않듯이 사회생활 또한 그럴 것이므로 순서 없이 마음 가는 대로, 발길 가는 대로, 인연 닿는 대로 살아 낸 그날 그날의 생각과 느낌을 표현할 것이므로 어쩌면 아마도 사회성 좋은 넷째 딸의 좌충우돌 사회 적응기일 수도 있겠습니다.

　　다람쥐 쳇바퀴 도는 듯 학교만 오가던 제가 사회생활에 적응하고 빡빡한 서울 생활에 성공적으로 적응하기까지의 실패담이나 성공담이 될 수도 있을 것입니다.
　　실패는 반면교사로, 성공은 타산지석으로 삼아, 읽는 이로 하여금 보다 나은 삶을 영유하길 바라는 마음을 담아 보겠습니다.

　　배운 것과 실제는 다르다거나 많은 차이가 있다는 말처럼 저 역시 사회생활에서는, 교육으로 말하면 낭만의 시기에 해당하는 사회 늦둥이에 지나지 않아 배울 것이 많을 것입니다.
　　돌이켜 보면 아찔한 순간도 있었기에 웃으면서 글을 시작하는 이 순간이 더욱 감사하게 느껴지는 것인가 봅니다.

　　작은 것이 소중하게 느껴지고 소중하게 보이는 지금이 행복이라는 것을 이젠 느낄 수 있음에 그저 감사할 뿐입니다.
　　《사회에서 배우다》를 통해 삶을 바라보는 긍정적인 시선을 함께 공유하고 싶습니다.

저자처럼 독자님들께서도 삶이 또다시 감사함으로 가득 채워졌으면 좋겠습니다.

최 미애

이학박사

2022년 초겨울에

차례

나오는 말

기다림의
미학

스포츠를 전공한 사람들은 마이클 조던의 덩크슛을 예술이라고 표현합니다. 이렇게 스포츠 세계에서 예술 같은 아름다운 장면이나 순간을 포착하기란 쉽지 않습니다.

한 사람이 스포츠 경기에서 스포츠 종목의 기술을 매우 잘해내고 성공시킬 수는 있지만 그 기술의 성공이 모든 사람들을 감동시킬 수 있는 것은 아니기 때문입니다.

운 좋게도 이런 스포츠예술을 2022년 카타르월드컵에서 만날 수 있었습니다. 그것도 축구에서 특정한 기술이 아닌 '기다림'이라는 순간이 예술처럼 느껴졌기 때문에 경기가 끝난 뒤에도, 그 순간을 떠올리며 쓰고 있는 지금도 행복합니다.

대한민국과 포르투갈 H조 예선 1대1 경기에서, 후반전도 끝날 무렵 전광판은 이미 45분에 머물러 있고 손흥민 선수의 공격 드리블 독주와 더불어 포르투갈 선수 네 명이 손흥민 선수 앞을 가로막은 사면초가 수비 상태에서, 대한민국 선수들은 한 명도 보이지 않는 가운데 서두르지 않고 침착하게 기다리는 모습이 어찌나 믿음직스럽던지…….

손흥민 선수가 공을 갖고 있는 몇 초 안 되는 시간이 매우 길게 느껴졌고, 뒤에 상대편 선수와 함께 달려온 황희찬 선수에게 툭 차주는 패스가 상대 선수 다리 사이로 빠져나가는 타이밍이 절묘하고 자연스럽게 이어져 골인되는 그림 같은 스포츠 명장면이 탄생한 것입니다.

우리가 응원하는 팀이 골을 넣고 잘해서 행복한 것이 아니라 전 세계 어느 나라 사람들이 보더라도 손흥민 선수의 '기다림' 그리고 패스에서 슛, 골인 순간만큼은 감동이었을 것이 분명할 것이므로 축구에서 '기다림의 알까기 패스 예술'이라 명명하고 싶습니다.

이 손흥민 선수가 새로 쓴 월드컵 축구 예술 장면은 손흥민 선수의 정확한 판단력이 돋보이는 경기로서, 팀 선수들에 대한 믿음이 없었다면 결코 기다릴 수 없었을 것이며, 마지막 한 번의 주어진 골 기회를 안정적으로 성공시키려는 기다림에서 주장으로서 강한 책임감과 애국심도 느껴졌습니다.

절체절명의 순간에 가까운 거리에 있는 상대편 선수의 다리 사이로 공을 패스할 수 있는 판단은 스포츠 심리전에서도 우수하다고 생각되며, 또한 팀을 위한 희생정신이 없었다면 기다리지 않고 능력을 발휘해 어떠한 방법으로든 슛을 시도했을 것입니다.

무엇보다도 긴박한 순간에 기다리겠다는 판단을 할 수 있는 것도 수준 높은 실력에서 나오는 '여유'로 보였으며, 이제 손흥민 선수는 여유 있게 '즐기는 축구'를 하고 있다는 생각을 순간적으로 했습니다.

이러한 여러 경우의 수들이 작용하는 축구 경기인 만큼, 내일 카타르월드컵 16강전에서 브라질과의 버거운 경기가 예상되지만 그 보이지 않는 '기다림의 미학' 같은 그 무엇인가가 있기에 또 한 번의 승리의 기적을 응원하고 있습니다.

우리는 불가능하다고 예상된 경기에서 이기는 경우를 기적이 일어났다고 말합니다. 그렇다면 기적은 노력과 실력이 뒷받침된 상태에서 선수들의 희생이나 화합, 붉은 악마들의 응원, 국민의 염원, 그리고 손흥민의 '기다림의 미학' 같은 보이지 않는 좋은 기운들이 결합되어 기적을 만들 수 있다는 것도 월드컵에서 배웁니다.

강력한 우승 후보 브라질과의 경기에서 기적은 일어나지 않았지만, 백승호 선수의 시원하고 통쾌한 멋진 중거리 슛을 볼 수 있어 조금은 위로가 되었습니다.

　대한민국 선수들은 누적된 피로감과 부상에도 불구하고 최선을 다해 열심히 뛰어 준 경기이기에, 2002년 월드컵과 비교해 모든 국민들의 응원이라는 보이지 않는 좋은 기운들이 부족했었나 봅니다.

　저만 해도 2002년 월드컵 분위기 조성을 끌어올리기 위해 3년 전부터 가을 운동회 고학년 단체경기를 새로 고안해서 대형 축구공을 만들어 전교생과 학부형들의 환호성을 이끌어 냈고 2002년 월드컵 당시에도 붉은악마 응원복을 구매해 입고 온 가족이 둘러앉아 간절한 마음을 보냈지만 20년 전 그때와 비교하면 반성할 점이 많습니다.

　잠자던 시간대에 몸을 깨워 경기를 뛰어야 하는 선수들의 고충을 생각해서라도 더 높은 열정을 모아 응원을 보내 보충 보완했어야 했는데 그러지 못했습니다.

　대한민국이 2022년 FIFA 월드컵 결선 토너먼트 16강전 진출이라는 성적임에도 불구하고 축구를 생각하면 지금까지도 제가 행복한 이유는 손흥민 선수와 아버지가 추구하는 '행복한 축구'가 진심으로 느껴졌기 때문이라는 것을 나중에 아버지 인터뷰를 통해 알게 되었습니다.

손흥민 선수는 비록 안와골절이라는 부상을 입었지만 아버지 바람대로 행복한 축구를 하고 있는 행복한 사나이였습니다.

행복한 축구를 하고 있었기에 아름다운 기다림을 통해 역전의 행복한 골을 이끌어 낼 수 있었던 것이고, 그로부터 우리들은 행복한 감동을 선물받을 수 있었던 것입니다.

손흥민의 아름다운 기다림은 역전 골 승리라는 감동을 만든 기다림의 미학으로써 두고두고 칭송될 것이며, 축구로 감동을 주고받을 수 있었던 좋은 사례이므로 스포츠가 예술임을 증명하는 순간으로 가치를 부여할 수 있는 명장면입니다.

사회에서 배우다

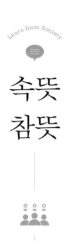

속뜻
참뜻

우리는 흔히들 눈에 보이는 것이 전부가 아니라는 말을 합니다. 저도 이 말뜻을 이해하기까지는 많은 세월 실패와 성공의 경험치가 쌓여 막연히 느끼면서 터득했습니다.

그러다가 〈배우다 시리즈〉를 쓰면서 어떻게 하면 눈에 보이는 것이 전부가 아니라는 깊은 뜻을 쉽게 전달할 수 있을까를 생각해 보는 계기가 되었습니다.

사회생활에서 알아 두면 요모조모 참 편리하게 써먹을 수 있는 꿀팁이기에 '눈에 보이는 것이 전부가 아니다.'는 깊은 속뜻을 실생활과 적용할 수 있는 예를 들어 보겠습니다.

94세 우리 어머니의 "아휴, 나는 모르겠다."는 푸념 섞인 넋두리는 지나고 보니, 알고 보니 네가 알아서 하라는 깊은 속뜻이 있었습니다.

매우 중요한 일을 결정할 때 특히 한국말은 끝까지 들어 보고 말의 억양이나 말투, 표정, 느낌까지 아울러 듣고 판단해야 후회하는 일이 발생하지 않거나 낭패를 보지 않을 것입니다.

자녀들이 청소기를 돌릴 때 눈에 보이는 먼지만 휘휘 빨아들이는 경우가 대부분일 것입니다.

햇빛이 환하게 비출 때 청소기를 돌린다면 좀 더 넓은 면적의 먼지들을 청소할 것이 분명합니다. 뽀얗게 내려앉은 식물 잎사귀의 먼지까지도 선명하게 보일 테니 말입니다.

만일 허리를 굽혀 장롱이나 침대 및 가구들의 다리 밑에 쌓여 있는 먼지까지도 청소한다면 청소 왕으로 칭찬받게 될 것입니다.

이렇게 눈에 보이지 않는 먼지를 찾아서 청소하며 성장하는 사람이라면 이 사람은 분명 사회에서 무슨 일을 하든지 찾아서 척척 알아서 할 사람이므로 성공할 수 있는 가능성이 충분하다고 보여집니다.

할머니 무릎이 쑤신다고 말씀하시거나 달무리를 보면서 내일 비가 올 것이라 예측되고, 무화과를 먹으면서 지금 내가 꽃 덩어리를 먹고 있다고 생각될 때 아는 만큼 보인다는 것을 실감하게

사회에서 배우다

됩니다.

빙하가 녹아내리고 벌들의 개체 수가 줄어들며 세계 곳곳에서 폭우와 폭염으로 시달리는 전조증상들로 보아 이 또한 눈에 보이는 것이 전부가 아님을 알아차리고 지구온난화 방지 등 예방책과 함께 지금 당장 지구 보호 운동을 전개해야 하는 심각성을 느끼게 됩니다.

눈에 보이는 것이 전부가 아니라는 깊은 속뜻을 알아차리신다면, 눈에 보이는 것이 전부가 아니라는 깊은 참뜻을 알아차리셨다면 지금 당장 지구 보호 운동을 실천하고 계실 것입니다.
제가 학교를 나와 사회에서 배운 가장 쓸모 있고 중요한 것 중의 하나가 눈에 보이는 것이 전부가 아니더라는 참뜻 속뜻입니다.

여러 해 동안의 노력과 경험에 의해 만들어진 숙련된 수많은 나이테가 단단해지고 마음의 여유가 생기니 보이지 않던 것들이 보이기 시작합니다.
여유 있는 마음에서 나오는 연륜의 속뜻 참뜻이 대단한 힘을 지니고 있다는 것을 알게 된다면 우리들의 삶은 좀 더 반짝반짝 빛날 것입니다.

꽃피우는
말

'말 한마디로 천 냥 빚을 갚는다.'는 속담이 있습니다.

어린아이도 다 아는 이런 속담을 가끔 잊고 사는 어른들이 있어 자신과 주변 사람들을 곤혹스럽게 만들곤 합니다.

우리는 말 한마디로 울고 웃고 행복해집니다.

어떠한 상황을 모면하기 위해 또는 책임을 회피하기 위한 말, 변명 같은 말들은 언제나 망신살이 따르며 오랜 시간 슬픔의 늪에서 허우적거리게 만듭니다.

반면에 어떤 문제 상황에서 어린이나 어른 모두 부정적인 말보다는 긍정적인 말로 바꾸어 말했을 때 효과적이었던 경험을 우리는 갖고 있을 것입니다.

이왕이면 우리는 꽃을 피우는 말을 찾아 말하는 습관을 길러야
겠습니다.

"안녕하세요?"
"잘했어."
"널 믿는다."
"좋아! 좋아!"
"우리 힘내자."

"넌 할 수 있어."
"우린 잘할 수 있어."
"곧 좋아질 거야."
"모두 잘 될 거야."
"응원할게."

"널 위해 기도할게."
"고마워!"
"네가 자랑스럽다."
"힘들었겠구나!"
"함께 할 수 있어 행복했어."

"장하다!"
"널 이해해."
"보고 싶었어!"
"그러자."
"함께 고민해 보자."

"시간이 해결해 줄 거야."
"좋은 일이든 나쁜 일이든, 지나고 나면 추억이 되더라."
"옛말하며 웃게 될 날 올 거야."
"무조건 네 편이야."
"넌 어려서부터 뚝심이 있더라."

"내 친구라서 든든해."
"네가 없으면 안 돼."
"덕분에 행복했어."
"네 덕분이야."
"역시 넌 내 친구야."

"네가 돋보이더라."
"넌 떡잎부터 남달랐어."
"토닥토닥, 쓰담쓰담."
"너랑 대화하면 마음이 편해져."
"너랑 함께 있으면 시간이 너무 빨리 가."

사회에서 배우다

"우리 자주 만나자."

"너라면 잘해 내리라 믿어."

"좋은 소식 기다릴게."

"곧 좋은 일 있을 거야."

"정말 잘 됐다. 축하해!"

"우리 좋은 방법 찾아 보자."

"네 지혜가 필요해."

"최고! 최고!"

"잘해 낼 줄 알았어."

"넌 웃는 모습이 참 예쁘다."

"미안해."

"애썼어!"

"괜찮아, 다시 하면 돼."

"고생 많았어."

"반갑습니다."

"사랑합니다."

"사랑하는 엄마·아들·딸·당신."

"이 맛이 정말 그리웠어."

"네가 생각나더라."

"네가 그리웠어."

꽃피우는 말

"지금 기분 어떠니?"

이 밖에 "우리 행복하자. 대박 날 거야. 넌 행운아야. 마음만은 항상
부자야. 늘 행운이 함께하기를! 우린 행복해질 권리가 있다고 생각해.
네가 웃으면 난 행복해. 난 기적이 있다고 믿는다. 가장 평범한 것이
행복이더라."

이러한 긍정적인 말들을 오랜 시간 주고받다 보면 시간이 지나
면 지날수록 상대방은 물론 자신의 삶까지도 활짝 꽃피우게 될
것입니다.
긍정적인 말 한마디로 초긍정적인 삶을 살아 내면서 웃음꽃, 삶
의 꽃 활짝 피워 보시길 응원합니다.

물론 이러한 삶의 꽃을 피워 낼 말들은 그냥 입에 발린 소리가
아닌 항상 진심이 적시에 전해졌을 때 가능하며, 삶에서 일관성
있게, 진정성 있게 반복적으로 소통되었을 때 비로소 인생 꽃피
우는 말이 될 것입니다.

인생 꽃피우는 말!
이 말은 기적이 일어날 수도 있고 꽃피는 삶을 살 수도 있는
세상에서 꼭 필요한 가장 멋진 말입니다.

사회에서 배우다

마음공부

삶의 과정 자체가 마음공부라는 생각이 듭니다.

어떤 분은 스님으로, 어떤 분은 성직자로 길을 미리 정해 놓고 마음을 닦고 계시다가 도움이 필요한 분들에게 손을 잡아 주시는 숭고한 길을 걷고 계십니다.

한편 아무런 생각 없이 그저 하루하루 최선을 다해 살아 내던 사람들은 어느 날 갑자기 삶의 방향이나 목표가 흔들리는 경우를 마주하게 되면 걷잡을 수 없이 나락으로 쉽게 떨어지게 됩니다. 그때 필요한 것이 마음공부를 얼마나 쌓았는가의 여부일 것입니다.

마음공부가 잘 된 사람은 잠시 마음이 흔들리다가도 곧 마음의 중심을 잡고 잘 이겨낼 것이며, 어떤 사람들은 종교적 믿음에 의지해 지혜롭게 대처할 것이며, 또 어떤 사람은 큰 파도에 휩쓸려 오랜 시간 허우적거리게 될 수도 있을 것입니다.

이럴 때 마음공부의 결과로서 마음 근육의 정도에 따라 괴로움의 정도와 수렁에서 빠져나오는 속도나 시기가 판가름날 것입니다.

좋은 일보다는 힘들거나 괴로움에 처했다가 견뎌 냈을 때 배우는 지혜가 더 크다는 것을 경험하신 적이 있을 것입니다. 그러니 우리가 이겨낼 수 있는 작고 소소한 문제나 고민들은 우리들의 마음 근육을 더욱 튼실하게 만들어 줄 것이라는 것도 알고 계실 것입니다.

힘들다, 힘들다 하면 더욱 힘든 것이 삶이라는 생각이 듭니다.

힘든 상황을 이겨내고 오늘도 잘 살았네, 오늘도 귀한 마음공부 했다는 뿌듯함을 느낄 수 있는 초긍정적인 마인드를 갖는다면 이미 마음 근육은 튼튼하다고 봅니다.

가난한 사람도 부자도, 많이 배운 사람도 많이 배우지 못한 사람도 먹고, 자고, 싸는 본능적, 생물학적 삶은 모두 같습니다.

하지만 사람들의 마음은 제각각 다르고 추구하는 것도 다르기에 삶의 방식이나 고통도 각각 다르다는 것도 유추할 수 있습니다.

삶에서 그들의 속사정을 들여다보면 각자 한 편의 드라마를 쓰고 있는 중이라는 생각을 하곤 합니다. 삶 자체가 고난의 연속이므로 삶을 영위한다는 것은 마음공부의 연속이라는 맥락으로 해석할 수 있으며, 삶의 과정 자체가 마음공부라고 생각합니다.

삶의 크고 작은 파도를 하나하나 넘어가면서 마음의 근육을 한 올 한 올 만들어 엮어 나간다면 자신도 모르는 사이에 마음공부 두께는 한 권 두 권, 책으로 엮어져 드라마보다 더 드라마틱한 창의적인 대본으로 만들어져 있을 것입니다.

이왕이면 멋지고 재미있으면서도 유익한 드라마 대본을 쓰고 싶은데, 욕심이라면 이 또한 마음공부가 덜 된 탓일지도 모릅니다.

사회라는 거대한 교재는 마음공부 하기에 딱 알맞은 조건들을 갖추고 있습니다.

서로 사랑하고 교감하며 부딪히는 인간관계 속에서 희·노·애·락·애·오·욕의 모든 감정들을 다스리고 조정하면서 마음의 안정과 평온을 유지하며 살아가기 위해선 마음공부가 선행되어야 한다고 생각합니다.

이런 의미에서 교과 공부보다 선행되어야 함에도 불구하고 마음공부의 중요성을 강조하는 경우를 들어 본 적이 없습니다. 보다 질 좋은 교육의 효과를 바란다면 학교 정규과목에 마음공부로 접근할 수 있는 시간을 할애하면 좋겠습니다.

삶의 과정 자체가 마음공부의 연속이므로 어린 나이부터 마음의 근육을 키울 수 있는 기회를 어른들이 제공해 주어야 할 것입니다.

교육적으로 낭만의 시기에 마음공부를 시작한다면 지금보다는 훨씬 더 삶의 질 향상은 물론 풍요로운 마음으로 이 세상을 살아갈 수 있으리라 생각해 봅니다.

사회에서 배우다

마음

바람과 같은 것.

내 마음일지라도 내 것이 아닌 듯하다.

특히 사랑 앞에선 더욱.

자식 사랑이든 뜨거운 사랑이든.

쉼

가지 나눔 해 화분에 옮겨 심었던
몬스테라 새순이 나서 자란다.
생명에 대한 위기감을 느꼈는지
가늘고 어린 가지가 여린 가지를 급히 낸다.
뭐가 그리 바쁜지 윗 세상 향해 쑤욱 쑥 오른다.

어제는 태양을 향해 굽었더니
오늘은 수줍게 옆 줄기 뒤에 숨어 기댄다.
어린 네가 새 생명을 내기가 버겁나 보다.
그래 한숨 쉬어 가렴.
너도 이 세상이 숨 막히나 보다.

사회에서 배우다

물음표

배움의 시작은 물음표, 즉 호기심이나 궁금함에서 시작된다고 생각합니다.

궁금해지면 알고 싶어 찾아서 배우게 되며 새로운 것을 알게 된 즐거움과 함께 궁금함이 파생된 것들을 채우다 보면 저절로 배우는 즐거움과 가치를 알게 되기 때문입니다.

나이가 드니 궁금한 것들도 없어지는 것 같습니다. 심지어는 알고 싶지 않은 경우도 있습니다.

그러니 어린이들의 잦은 질문도 감사해야 할 일입니다. 배움에 대한 욕구가 많다는 뜻이기도 하기 때문입니다.

어느 날 문득 왜 얼룩말은 사람들이 타지 않을까 궁금해졌습니다. 당나귀 타는 사람은 봤어도 얼룩말을 타고 있는 사람을 본 적이 없었기 때문입니다.

야생마는 길들여 타지만 얼룩말은 어쩌면 길을 들일 수가 없어서 타지 못할지도 모른다는 유추를 하게 되었습니다.
찾아보니 예상했던 대로 얼룩말은 고기 맛도 없고 성질이 더러워 가축으로 쓸 수 없다는 재미있는 사실을 알게 되었습니다.

얼룩말의 특징을 반대로 생각해 보면 고기가 맛있고, 성질이 온순해야 가축으로 환영받을 수 있다는 것입니다.
이는 우리 사회에서 환영받기 위한 조건이기도 합니다.
같은 말이라도 맛깔나게, 맛깔스럽게 말하고 상대방을 편하게 해주는 사람이야말로 인기 있는 사람들이 갖춘 요소 중 하나일 것입니다.

이렇게 오늘도 소소한 배움의 즐거움에 대한 감사함을 배워 갑니다.

사회에서 배우다

스포츠는
드라마다

시간적 여유가 있어 스포츠 경기를 관람할 기회가 많아졌고 제가 직접 운동하는 스포츠에서 보는 스포츠의 종목도 다양해졌습니다.

스포츠를 보면 볼수록 드라마 같은 극적인 요소들이 많아 보면서도 온몸에 힘이 들어가는 재미있는 현상을 경험하게 됩니다. 특히 요즘은 우리 민속놀이인 씨름의 매력에 푹 빠져들게 되었습니다.

각각의 스포츠 종목에서 세계적으로 성공했다고 판단되는 스포츠 선수 출신들이 모여 씨름경기 하는 방송을 한밤중에 보게 되었습니다.

씨름판에서 작은 체구의 선수가 거구의 상대방을 기술로 눕히는 짜릿함을 볼 수 있고, 여기서 다시 거구의 선수가 방금 패배했던 선수에게 가장 멋진 모습으로 복수의 극을 펼치는 역전 드라마 장면이 모래판에서 벌어집니다.

예측불허의 경기가 연출되는 씨름판에서 생생한 장면들이 이어지는 스포츠는 생방송 드라마라 해도 지나치지 않을 정도로 재미있으며, 영상 드라마보다 더 눈을 떼지 못하게 만듭니다.

순간순간 긴장감이 흐르고 박진감이 있어 다음 경기결과가 궁금해져서 텔레비전 앞을 떠나지 못하고 머물게 만드는 스포츠 경기는 커피처럼 끊을 수 없는 마력이 있습니다.

우리나라 스포츠인 씨름이 이렇게 재미있고 스릴 있는 경기일 줄 예전에 미처 몰랐습니다.

기승전결 손에 땀을 쥘 정도로 박진감 넘치는 씨름경기를 '생방송 스포츠드라마'라고 명명하고 싶습니다.

그 몇 분 안 되는 선수들의 짧은 씨름경기 속에서 선수들의 오랜 세월 살아온 삶의 흔적들을 한눈에 엿볼 수 있었습니다. 선수들의 근육 한 부분 한 부분이 각자의 삶을 적나라하게 드러내고 있었습니다.

유도선수, 야구선수, 격투기선수, 농구선수 등 각각 다른 종목으로 오랜 시간 길들여진 근육들은 종목마다 발달된 근육부위가

사회에서 배우다

다를 뿐만 아니라 은퇴 후 살이 쪄서 비록 살 속에 묻힌 근육이라 할지라도, 단판씨름에서 경기를 이끌어 내는 씨름 기술과 전략까지도 영향을 줄 정도로 밀접한 관계가 있음을 알 수 있었습니다.

심지어는 유도 기술 습관이 씨름판에서도 나올 정도로 한판의 씨름에 한 사람의 인생이 녹아들어 있음을 볼 수 있었습니다.

텔레비전이 없던 그 옛날 삼국시대에는 바로 눈앞에서, 땀 냄새까지 느껴질 정도로 가까운 거리에서 씨름 선수들의 근육이 움직이는 모습까지 직관했을 때의 감동을 상상해 봤습니다.

씨름경기는 드라마보다 더 드라마틱한 감동이 있는 생방송 드라마로 인기 있는 종목이었을 것임이 틀림없습니다.

이렇게 씨름을 예로 들었지만 다른 스포츠 종목 하나하나를 이야기한다면 마찬가지로 경기 한 장면 한 장면마다 그 속에 흘린 땀의 시간이나 노력, 영양 상태 심지어는 마음의 정황까지도 알 수 있을 만큼 선수 개개인의 삶이 녹아 있다고 말할 수 있는 것입니다.

그러니 스포츠는 드라마라 해도 과언이 아닙니다.
말을 바꾸어 강조해 보면 스포츠는 드라마입니다.

새싹

참 곱습니다.
참 예쁩니다.
경칩의 베란다 새싹이.

갓 피어난
포개어 벌어진
촉촉한 두 장의 어린잎이.

금방이라도 날아오를 것만 같은
잠자리 날개 같은 새싹이
햇살을 머금고 연보랏빛 날개를 폅니다.

꽃잎보다 여린
보송보송한 솜털마저
햇살에 빛나는 환희를 맞이합니다.

암울한 겨울을 뚫고
얼음처럼 쨍한 겨울을 건디며
지금 이 순간을 고대했었나 봅니다.

가지가 잎이었고
잎이 가지였다는 걸
잎은 늘 그 자리에 있었다는 것을

난 몰랐었고
선 지식인들은 알고 계셨겠지만
뒤늦게 이제라도 알아차림 했으니

얼마나 감사한지 모르겠습니다.
어린잎에 가슴 몽글몽글해지는 이것이
행복인가 싶어 감개무량합니다.

새싹

태풍
힌남노

바람을 묶을 수만 있다면
힌남노 눈을 가릴 수 있다면
어찌할 수 없는 무능력함을 느끼는 순간
합장합니다.

에너지 절약을 하겠습니다.
지구온난화 방지에 적극적이지 못했음을 후회합니다.
지구를 더욱더, 더 사랑하겠사오니
부디 눈감고 온화하게 스쳐 지나가소서.

간절히

사회에서 배우다

간절히
힌남노의 질풍노도가 하루빨리 스러지길
모두들 안전하시길 기도합니다.

하늘
땅

하늘에 철새들이 커다란 파도처럼 일렁인다.
유선에서 삽시간 검은 고래로 대형 변화시키며
수천 마리 한 팀 되어 아티스틱 스위밍을 펼치며
비행기도 맞서 날지 못할 위풍당당 장엄한 풍경으로
하늘길 장거리 여행 헤엄치듯 떠난다.

들판에 활짝 핀 갈대숲이 파도처럼 일렁인다.
나도 꽃이요 너도 꽃이요 우리 모두 꽃이라고
수천 포기 수만 포기 갈바람 군무로 떼창하며
흰긴수염고래도 맞서 헤엄치지 못할 넓디넓은 위용으로
바람길 따라 이리저리 스러졌다 일어서니 발레 하듯 우아하다.

사회에서 배우다

가을에

바위가 물속에 몸을 담그고
하늘과 산이 호수에 담길 때
호수는 색동옷 되어 주름 잡힌다.

잔물결 일렁이는 호숫가에 서면
찰랑찰랑 다가와 발끝을 노크하는 바람
어느새 나도 색동옷을 입었다.

하늘 산 호수와 나 하나 되는 순간
무엇이든 담을 수 있는 색즉시공
함께 잠겨 가장 멋진 하나가 되는 우리.

안전

바닷속 청어 떼들이 거대한 물고기 모형을 만든다.
정어리 떼들도 지도 모형을 만든다.
연어들이 떼 지어 귀향한다.
멸치 떼가 군집해 초대형 물고기를 만든다.

안전을 위해서.
그러나 시대가 변해
뭉치면 살고 흩어지면 죽는다는 말이
물고기 세계에선 통하지 않는가 보다.

청어 떼 그물에 집단포획.

사회에서 배우다

정어리 떼 산소 부족으로 집단폐사.

연어 떼 물 부족으로 집단폐사.

멸치 떼 뜨거운 물속에서 떼죽음.

이태원
참사

하늘에 새들이 떼를 지어 날아갔습니다. 환하던 하늘이 잠시 어두워졌다가 밝아졌습니다.

들판에 갈대들도 초대형군단이 되어 밀집해 서있었습니다. 세찬 비바람이 순간적으로 몰아쳐도 질서정연하게 마른풀 파도를 만들며 끄떡없었습니다.

멸치 떼들과 고등어 떼들도 일정한 덩어리를 형성해 수시로 모양을 바꾸며 헤엄치고 있었습니다. 커다란 물고기들도 멸치와 고등어 떼의 웅장함에 기세가 꺾일 것 같았습니다.

그래서 사람들도 모두 뭉쳐야 기세등등 당당하게 세상을 수월하게 살아갈 수 있을 거라고 생각한 적이 있었습니다.

　이렇듯 인간의 나약함도 뭉치면 달아나리라 강해질 것이라고 생각했었습니다.

　그런데…….

　그런데…….

　"……."

　"삼가 고인들의 명복을 빕니다."

코로나19로 빼앗겼던 자유

얼마나 사람이 그리웠을까요.

오랜만의 부대낌도 싫지만은 않았으리라.

자유를 만끽할 새도 없이 설렘은 절망으로 바뀌었으니…….

오호 애재라! 축제는 아비규환

오호 애재라! 얼마나 힘들었을까

오호 애재라! 얼마나 아팠을까

오호 애재라! 얼마나 무서웠을까

　이태원 참사를 보며 가슴 절절하게 통탄하며 배웠습니다.

　다시 찬찬히 살펴보니 새들과 갈대들과 멸치 떼, 고등어 떼들은 일정 간격을 유지한 채 일사불란하게 한 방향으로 움직이고 있었습니다.

　그 속에는 잘 보이지 않는 질서라는 것이 그들에게 있었습니다.

　새들과 갈대들 사이사이 간격이.

　멸치와 고등어 떼들의 사이사이 간격유지가.

　이것이 자연의 질서인 것을…….

　가슴이 아리고 먹먹합니다.

사회에서 배우다

배려 있는
나눔

1970년대 우리 집은 입식 부엌이었지만 너 나 할 것 없이 가족들은 한겨울 아침 식사 후 밥솥을 씻고, 설거지를 하고 난 구정물을 흰 눈이 소복이 쌓인 정지 밖에 버렸습니다.

세숫대야보다 큰 설거지 그릇 속의 밥알이나 음식물 찌꺼기들을 구정물과 함께 멀리 널리 흩뿌리기 위해서는 요령이 필요합니다.

어머니께서는 구정물을 버리시기 전에 큰소리로 "지개!"라고 외치시면 아침 일찍 정지 밖에 와있던 옆집 개나 고양이들이 냅다 달아나고 곧 흰 눈 위에서는 김이 모락모락 피어오릅니다. 이와 동시에 햇살 속에서 참새들과 까치의 아침 만찬이 분주하게 시작됩니다.

새들이 톡톡 뛰어다니며 밥알 먹는 모습이 재미있어 저도 어머니 흉내를 내곤 했습니다.

설악산에서 불어오는 매서운 눈바람에 털까지 젖으면 밖에서 얼마나 춥고 힘들까 하는 짐승들에 대한 배려가 어머니 외침에 들어 있었던 것입니다.

마을 화전놀이나 소풍, 가을 운동회, 심지어 들에서 새참을 드시거나 가을 시제에 산에서 음식물을 드실 때에도 "고수레."하시며 음식물을 조금 뜯어 숲에 던져 주면 주변의 개미들이나 벌레들이 와서 먹는 것을 볼 수 있었습니다.
집집마다 동네 감나무에는 붉은 까치밥이 서너 개 달려 있었습니다.

이렇게 나눔이 거창한 것이 아님을, 나눔 속에도 배려가 있음을, 이웃뿐만 아니라 작은 생명까지도 챙기시는 나눔의 의미를 마을 어른들과 친정어머니로부터 배웠습니다.

사회에서 배우다

비우면서
배우다

'비우다'와 '배우다'는 모음 'ㅏ'라는 단순한 차이가 있습니다. 글자뿐만 아니라 그 속뜻에서도 별 차이 없다는 것을 알게 되었습니다.

배우다 보니 비우게 되었고 비우다 보니 주홍마켓에서 나눔을 실천하고 있었습니다.

그러니 배우는 것이 비우는 것이고 비우는 것이 배우는 것임이 입증된 셈입니다.

오늘도 뭐 비울 것이 없나 집안 여기저기 두리번거리면서 책꽂이에 빼곡하게 서있는 친구들과 헤어질 마음의 준비를 하고 있습니다.

이렇게 비우면서 새로운 인연을 맺는 것도 중요하지만 정리하는 방법에 대해서 생각하며 배웁니다.

애지중지하며 손길과 눈길이 닿은 책을 꼭 필요한 사람에게 나누고 나면 마음의 양식을 나눈 것이나 마찬가지일 것이므로 벌써 마음이 훈훈해지고 가벼워집니다. 공간의 여유가 생긴 서재와 책장이 눈앞에 그려집니다.

제게 있어 비우는 것은 나눔이 아니라 마음공부입니다.
몸과 마음을 비우고 옷장과 서재를 비우면서 마음공부가 무엇인지 알게 되었고, 비우니 새것으로, 더 좋은 것으로 다시 채워짐도 배웠습니다.
비웠다고 없어진 것이 아니라 마음속에 무엇인가가 채워져 있었습니다. 이렇게 비우면서 색즉시공 공즉시색을 배워 나가고 있습니다.

스스로
살아남기

서재에서 오래된 책들을 정리하며 나눌 것은 나누고 버릴 것은 버리는 작업을 했습니다.

어릴 적 만화책을 무척 좋아했기에 아이들에게 《그리스로마신화》나 〈살아남기 시리즈〉 등을 사줬는데 특히 《그리스로마신화》는 만화책 표지가 찢어지고 닳을 정도로 여러 번 읽은 흔적이 있어 내심 흐뭇했습니다.

친구 조카에게 보내줄 《무인도에서 살아남기》, 《사막에서 살아남기》 《시베리아에서 살아남기》 등 〈살아남기 시리즈〉 책 제목을 보면서 인간들은 이렇게 살아남는데 식물들은 살아남기 위해 어떤 현상이 일어날까 궁금해지기 시작했습니다.

그동안 식물들을 있는 그대로 봐주기에만 급급했기 때문입니다.
이렇게 물음표가 생긴다는 것은 마음공부든 현실공부든 간에 스스로 배우고자 하는 첫걸음을 내딛는 것이라 생각됩니다.

우선 반려식물 몬스테라를 보면 물을 너무 많이 주었을 경우 밤새 증산작용을 얼마나 많이 했는지 잎가에 물방울이 맺혀 있거나 심지어는 마룻바닥에 물이 뚝뚝 떨어져 있는 흔적을 발견할 수 있었던 것으로 보아, 식물은 자신에게 필요한 양만 남기고 화분 구멍이나 증산작용을 통해 물을 밖으로 밀어냄으로써 썩지 않고 스스로 살아남는 방법을 터득한 것으로 보입니다.

극락조나 여인초를 보면 잎이 찢어지거나 말라 비틀어져 보기 흉할 경우 면도칼로 줄기 밑동을 베어 버리는데, 이때 생명의 위기의식을 느끼는지 바로 새로운 싹을 올려보내는 현상을 목격할 수 있었습니다.
여인초의 경우 줄기를 모두 잘라 버리고 화분을 버리려고 시도했으나 어찌나 빨리 새싹이 올라오는지 버리지 못하고 할 수 없이 다시 키우고 있는 중입니다.

극락조도 화분 크기에 비해 포기들이 많아 좀 더 큰 화분에 분갈이해 주거나 포기를 나누어 심어야 하는데, 여자 혼자 힘으론 어림없고 전문적 원예전문가의 출장 도움받는 것도 코로나19 시대라 쉽지 않았습니다.

사회에서 배우다

하는 수 없이 포기 개체 수를 줄여 주려고 면도칼로 베어 낸 뒤 상처 난 줄기 위에 모래를 살짝 올려 주었음에도 불구하고 그 자리에서 새싹이 돋아나 없애면 또 돋아나는 기막힌 현상을 목격할 수 있었습니다.

이렇듯 극락조의 강인한 생명력 또한 스스로 살아남기의 좋은 사례가 될 것입니다.

가을이 되면 나뭇잎들은 잎줄기에서 떨켜층을 형성해 나뭇잎을 떨구고 잎의 증산작용이나 광합성 작용 억제를 통해 더 이상 잎에 양분이나 열에너지를 빼앗기지 않으려고 스스로 노력하는 것이라고 볼 수 있습니다.

낙엽은 식물이 추운 겨울을 스스로 살아남기 위한 방법으로 해석할 수 있을 것 같습니다.

가을에 딱딱하게 떨어지는 알밤이나 아보카도 씨앗처럼 껍질이 단단한 열매들도 두꺼운 껍질을 스스로 열고 싹이 틉니다. 칼로 껍질을 벗겨도 힘들 만큼 두껍고 질긴 껍질을 형성하는 것도 누구에게나 쉽게 먹히지 않고 스스로 살아남기 위한 자구책이라는 생각이 듭니다.

소나무 송진이나 고무나무 진액 등 상처 난 나무에서 진액이 나오는 현상도 바람에 부러지거나 사람이나 새들, 곤충들에 의해 상처 난 부위가 세균에 감염되지 않고 스스로 치유할 수 있도록 독성을 포함하고 있는 것도 어찌 보면 자신을 지키고 스스로 살아남기 위한 물질을 스스로 만들고 있는 것으로 생각됩니다.

식물은 더욱더 스스로 살아남을 수 있는 방법으로 진화할 수 있겠다는 착안에서 시작했는데, 좀 더 생각해 보면 가설대로 식물이 스스로 살아남는 방법을 찾으려면 무궁무진할 것 같습니다.

이렇게 자연이 자정작용을 하고 식물이 스스로 살아남기 위해 미리 준비하고 물질을 만들어 내듯이, 자연의 일부인 사람이 스스로 살아남으려는 노력은 당연한 것이라는 결론에 도달하게 됩니다.

만약 삶을 포기하려는 나약한 사람이 있다면 식물만도 못한 존재임을 스스로 인정하는 셈인 만큼 어리석은 생각은 애초에 절대 나지 못하도록, 미리 스스로 살아남을 수 있고, 살아갈 수 있는 마음 근육이나 생각 고리를 튼튼히 마련하는 준비성이 있어야겠다는 시사점을 찾습니다.

별마당 도서관에서의
만남

학교생활이 약속된 인연들과의 계획된 만남의 연속이라면 사회생활은 그냥 스쳐 지나가거나 운명처럼, 아니면 개인의 노력 여하에서 만남을 선택할 수 있는 개방적이고 자유로운 만남이 유지될 수 있다는 것에 매력이 있습니다.

자신의 생각에 따라 발끝 닿는 대로, 마음 가는 대로 또는 입으로 내뱉은 말에 의해 좋은 만남을 선택할 수 있고 언제든지 과거, 현재, 미래의 인연들을 시간에 얽매이지 않고 만날 수 있다고 생각하니 집에만 있어도 한결 마음이 트이고 자유롭게 살고 있다는 것에 대한 감사함이 느껴집니다.

수능이 끝난 엊그제 포근한 주말 평소와 다른 강남 쪽으로 외출했습니다. 청소년들이 많이 오고 가는 곳에서 젊음을 맘껏 느끼고 싶어서 선택한 길이었습니다.

집에서 지하철로 25분이면 강남에 갈 수 있는 시간 단축도 놀라운 일이었지만 제가 쓴 《자연에서 배우다》를 강남 중심지 코엑스 별마당 도서관에서 만날 줄은 꿈에도 몰랐습니다.

자연을 벗어난 도심에서 또 다른 자연을 만나다니……

언젠가 강남에서 친구들을 만나게 되면 누구나 쉽게 찾아올 수 있는 별마당 도서관에서 약속을 잡아야겠다는 생각을 한 적은 있었지만 제가 쓴 책과 이곳에서 만날 것이라고는 상상조차 할 수 없었습니다.

그런데 〈배우다 시리즈〉를 쓰기 시작하면서 막연히 상상했던 일이 현실이 되었습니다.

추운 겨울날 누군가의 가슴에 자연 사랑 불씨로 후끈 달아오르길 소망합니다.

별마당 도서관에서 만난 제 책을 통해 누군가가 기다리는 약속 시간이 즐거웠으면 좋겠고 누군가의 마음속에 작은 꽃을 피우는 계기가 되었으면 좋겠다는 소망도 가져 봅니다.

사방에서 사람들이 오갈 수 있도록 확 트인 개방된 구조의 거대한 도서관을 바라만 봐도 흐뭇했었는데, 이렇게 멋지고 좋은

사회에서 배우다

도서관이 우리나라에 있다는 것만으로도 자랑스러웠는데…….

버킷리스트에 책 한 권 쓰고 싶다는 소망을 적고 웃었던 꿈이 이루어져 현실에서 웃고 있는 지금은 미래에도 계속 웃을 수 있는 버킷리스트를 다시 써야겠다는 또 다른 '감사의 꿈'을 꾸게 됩니다.

새 버킷리스트에는 좋은 사람들과의 잦은 만남을 통해 선한 영향력을 주고받을 수 있는 것들로 채워야겠다는 생각과 함께 우연이 아닌 필연적 만남이 될 수 있도록 주어진 시간을 좀 더 가치 있게 써야겠다는 생각도 합니다.

자성 예언의 효과, 생각대로 이루어진다는 것을 이젠 알 것 같습니다. 생각보다 더 좋은 일이 일어났으니 말입니다.

11월의 끝자락 봉은사 경내 산사나무 고목에는 매우 작은 빨간 열매들이 다닥다닥 맺혀 있습니다.

그렇게 흐드러지게 핀 하얀 꽃송이들을 해마다 바라보며 감탄해 왔지만 어리석게도 아주 작은 꽃 송이송이마다 모두 결실을 맺어 한 알 한 알 붉은 열매로 익어갈 것이라고는 미처 생각지도 못했습니다.

불과 5~6개월 후의 결과물로써 해마다 그 자리에서 벌어진 자연현상인데 말입니다.

이렇듯 눈에 보이는 것도 알아채지 못하고, 한 치 앞도 못 보는 우리지만 무엇이든 생각대로 이루어진다는 것을 깨닫게 되었으니 지금이라도 산사나무 결실 보듯 새 버킷리스트에 빨주노초파남보 무지개 꽃을 정성껏 피워야겠습니다.

별마당 도서관에서의 또 다른 감사한 만남을 만들기 위해서 말입니다.

모두 비웠다고 생각했는데 내 안에 숨어 있던 욕심이 또 스멀스멀 기어 나오고 있다고 느끼는 순간, 저는 보다 자유로워진 자아와 만나 겸연쩍게 웃습니다.

사회에서 배우다

닭 다리
사건

군 제대한 큰아들이 말하기를 신병 부대 안착 한 달쯤 되어 일어난 일이라고 합니다.

일명 '닭 다리 사건'이라고 하며 자기들끼리는 '레전드급 닭3 사건'이라고 말한다고 합니다.

부모님 면회 때 사 오신 후라이드 치킨, 양념치킨, 간장 양념 치킨 이렇게 각각 한 마리씩 세 마리가 있었으며 신병 여섯 명이 둘러앉아 먹고 있었다고 합니다.

닭 다리가 여섯 개이니 닭 다리 한 개씩은 확보된 셈이고 어느 닭 다리를 먹어도 무관하기에 남는 종류의 닭 다리를 먹으면 되지 하고 모두들 다른 부위를 열심히 먹고 있는데 그중 한 명의 닭 다리 색깔이 계속 바뀌더랍니다.

권 신병이 닭 다리를 세 개나 먹고 있기에 어이가 없어 다그쳤 더니 다들 닭 다리를 좋아하지 않나 보다 생각하며 먹었다고 하 더랍니다.
다행히 여섯 신병 사이가 매우 좋았고 권 신병은 순수하고 나쁘 지 않은 사람이라고 말하는 아들의 말에 마음이 푸근해졌습니다.

닭을 사 온 주인도 아니면서 어떻게 닭 다리를 세 개씩이나 먹 을 수 있느냐는 권 신병에 대한 원망 담긴 놀림과 함께 닭 다리 대신 권 신병 몫 닭 날개로 대체해 먹고 잘 넘어가긴 했지만, 그 후론 부대에서 닭을 먹을 때나 외출 나가 닭을 시켜 먹을 때마다 계속 권 신병을 닭 다리라 놀렸고 마침내는 권 신병에게서 "잘못 했다."는 사과를 받아 냈다고 합니다.

전역하자마자 배달시킨 닭 다리를 뜯으며 신나게 추억을 전하 는 아들의 환한 웃음 속에서 국군 아저씨의 향기를 어설프게 느 끼는 순간이었습니다.
오늘도 아들의 닭 다리 사건 추억담에서 '집에서 새는 바가지, 들에 가도 샌다.'는 속담을 떠올리며 배려의 중요성에 대해 다시 한번 생각하게 됩니다.

사회에서 배우다

닭 다리 하나가 레전드급 사건이 되는 군대 이야기에서 사람이 사는 데 가장 중요한 관심사는 집도 옷도 아닌 먹는 것이라는 것을 새삼 느낍니다.

　아무리 군부대에서 먹거리가 풍족하다고 해도 집밥보다 좋아하던 배달 치킨 맛에 길들여진 청년들이 신병 훈련 기간 내내 얼마나 그 맛이 그리웠을까 이해하고도 남습니다.

　더구나 코로나19로 인해 바로 신병 면회도 금지된 상태였으니 권 신병에 대한 실망이 컸겠지만 모두들 유쾌하게 문제 해결로 접근해 웃으며 동료 병사의 잘못된 점을 고쳐 주었다는 점에서, 대한민국 군부대 문화의 성숙함을 엿볼 수 있었던 '닭 다리 사건'으로 결론짓습니다.

순간의
중요성

　물 한 컵으로 식물을 죽일 수도 있고 살릴 수도 있음을 느끼고 배우기 위한 수단으로 가장 좋은 식물로 스파트필름을 추천합니다.

　스파트필름은 여러 포기가 군락을 이루며 자랄 수 있고 물이 부족할 경우 잎이 눈에 띌 정도로 시들시들해지기 때문입니다.

　며칠 집을 비웠더니 예상했던 대로 심하게 시들시들해져 있었고 저는 이때다 싶어 아들을 불러 물을 주도록 했습니다.

　아니나 다를까 다음 날 아침 스파트필름은 다시 기운을 차렸고 줄기가 꼿꼿해졌으며 잎사귀도 싱싱해졌습니다.

　물 한 컵의 소중함을 깨닫는 순간이었습니다.

아들도 신기한지 연신 감탄하며 웃었습니다.

만일 어제 물을 못 주고 오늘 주었다면 아마도 스파트필름은 회생 불가능했을 것이며 시들어 죽었을 것이라는 말을 덧붙이자 아들은 "어떠한 일이든지 타이밍이 매우 중요하군요."라는 말을 하며 고개를 끄덕였습니다.

"그래, 모든 일에는 때가 있는 법이지. 쉽게 할 수 있는 그 좋은 시기를 놓치면 더 힘들어지는 경우가 많더라."

이렇게 우리는 실외에서 마스크를 벗어도 되는 일상회복시대에 살아가고 있지만 될 수 있는 한 외출을 자제하면서 귀속사회에서 식물에게 배웁니다.

대화
1

오랜만에 친구가 전화를 해서 할머니가 되었다면서 좋아합니다.

손녀 이야기에 입이 귀에 걸린 웃음이 안 봐도 눈에 선합니다.

아들 방 몬스테라 화분에 돋아난 새잎이 겨우 펴져 쭈글쭈글하지만, 윤이 반짝반짝하니 참 예쁩니다.

물을 주면서 사람이나 식물이나 아기는 참 예쁘다는 생각을 했습니다.

"식물도 주름을 펴려면 이렇게 힘들고 오랜 시간이 필요한데 하물며 사람인 우리 인생 주름을 펴려면 얼마나 노력과 시간을 투자해야 되겠니?"

사회에서 배우다

"철학적이시네요. 돌돌 말린 잎이 펴지는 데도 너무 오래 걸리던데요."

"줄기 속에서 잎이 돋아나는 시간도 만만치 않단다."

순간 저는 **'기다림이 참 중요한 것이구나!'**

잘 기다려 주는 것도 지혜로운 일이라는 생각이 들었고, 무엇이든 시간이 해결해 줄 것이라는 옛 어른들의 말씀이 옳다는 것을 살아가면서 더욱더 느끼게 됩니다.

'이젠 나도 지금 어른이 되어 가는구나! 세월 참 빠르다는⋯⋯.' 이런 생각을 하다가 친구는 벌써 할머니가 되었는데 나는 이제 어른이라니⋯⋯.

사회에서는 늦깎이 인생이지만 낭만의 시기인 사회생활에서 꽃중년과 낭만이 조화를 이룰 수 있는 방법을 찾게 됩니다.

'즐기면서 잘 기다리기!'
좋은 방법을 드디어 찾았습니다.

우연의
일치

우연의 일치치곤 너무나 감사한 일이라 추억으로 남깁니다.

일벌레처럼 학교와 일밖에 모르다가 사회생활과 함께 시간적 여유가 있어 우연히 〈배우다 시리즈〉로 세 권의 책을 집필하게 되었습니다.

여고 선배님이신 유명한 작가님께 보내 드렸더니 공모전에 출품하라는 추천을 해주셨고 두둑한 상금에 혹해 잠시 망설이긴 했지만 인사치레라 생각하며 곧 마음을 비웠습니다.

시간은 그렇게 흘렀고 추석 연휴를 그냥 흘려보내는 것이 아쉬워 모처럼 둘째 아들과 함께 전철을 타고 여주 신륵사를 다녀오기로 했습니다. 전국 방방곡곡이 자동차 정체로 몸살을 앓고 있는 터

사회에서 배우다

라 우리는 주저 없이 전철을 이용하기로 의견이 일치했습니다.

  가는 길에 세종대왕릉 역이 있어 우리는 지도 앱으로 방향을 검색했으며 제가 먼저 세종대왕릉 쪽을 향해 세 번 합장하며 인사를 드렸습니다.

  아들과 함께 단둘이 오붓하게 10년 만에 고즈넉한 시간을 보낼 수 있어서 행복했으며 돌아오는 내내 감사한 마음뿐이었습니다.

  며칠 후 새벽 "내가 왕의 자식을 잉태했으니 나를 함부로 대하거나 만지지 말라."고 꿈속에서 말을 하는 꿈을 꾸었습니다. 그리고 장면이 바뀌어 교실 안에 학생들이 많이 앉아 있고 창밖 넓은 실내에 어른들이 빼곡히 의자에 앉아 계시는데, 그 옆에 제가 서서 함께 창문 안 학생들의 수업을 참관하고 있는 모습을 바라보다가 잠에서 깨어났습니다.

  꿈을 꾸고 난 후 하루 종일 기분이 좋았으며 평소 꿈이 잘 맞는 편이라 어떤 좋은 일이 있을까 내심 기대하고 있던 어느 날 출판사 대표님으로부터 처녀작 《식물에게 배우다》가 세종 도서 교양 부문 철학 심리학 윤리학 도서로 뽑혔다는 반가운 소식을 듣게 되었습니다.

  책 한 권을 쓸 때 산고의 고통으로 표현하던 말들이 떠올라 소름이 돋았습니다. 꿈속의 왕의 자식이 곧 세종 도서였던 것입니다.

세종 도서는 출판사에서 응모하는 체제라 제가 쓴 책이 후보에 올라 줄도 모르고 있었기에 더욱 기쁘고 감사한 일입니다.

욕심내지 않고 마음을 비웠더니 이렇게 기쁜 소식으로 바른출판사에서 채워 주셨습니다.

욕심도 비우고 마음도 비우고 옷장도 비우고 모든 것을 비우고 또 비워 냈더니 새로움으로, 기쁨으로, 통장으로, 감사로 채워 주심에 그저 감사 또 감사할 뿐입니다.

이렇게 하나하나 비워 가는 방법을 배우는 오늘입니다.

사회에서 배우다

애정표현

　펭귄들이 파트너 펭귄들과 교감을 나누기 전에 하늘을 우러러 커다란 소리를 냅니다.

　내레이션에서 '운다.'라고 표현했지만 저는 일종의 노래요, 세레나데라는 생각이 들었습니다.

　아니면 지금부터 사랑을 방해하지 말라는 동물 세계에 대한 사랑의 경고쯤으로 해석했습니다.

　서로 다른 소리로 짝을 찾더니 드디어 동굴 같은 곳으로 걸어가 연인의 집 앞에서 부리를 서로 마주 대고 고개를 좌우로 흔들어 대며 애정표현을 한 후 다시 큰소리로 소리를 냈습니다.

　펭귄들의 고성방가라…….

부리를 서로 맞부딪치며 고개를 마구 흔들 때 펭귄의 표정이
궁금해서 자세히 살펴보았더니 눈은 살며시 감고 서로에게 집중
하고 있었습니다.

펭귄들의 구애와 애정표현이 사람들의 애정표현과 어찌나 닮아
있던지 참 재미있고 신기한 장면으로 오래 기억될 것 같습니다.

펭귄 부리를 마주치는 모습에서 연인들의 입술을 맞대는 모습
과 뉴질랜드 마오리족의 전통인사인 코를 맞대는 장면이 연상됨
과 동시에 본능적인 애정표현에서만큼은 사람도 동물과 다를 바
없으며 자연의 일부분임을 다시 한번 확인하는 순간이었습니다.

사람 세계나 동물 세계나 애정표현에서만큼은 매우 비슷하며,
오히려 사람이 동물적 본성을 닮은 애정표현을 하는 것으로 보였
습니다.

어떤 점에서는 동물의 세계보다 미숙한 사람들도 있다는 것을
영상을 통해 느낄 수 있었습니다.

적어도 사랑을 구애하고 짝을 찾고 배필을 맞이하는 방법만큼은
동물 세계에서 찾아보면 배울 점이 참 많습니다.

사회에서 배우다

Learn from Society

황포 돛대
뱃놀이

작년 늦가을 해 질 무렵 양양 남대천 둔치에서 갈대숲을 거닐며 들었던 갈대들의 떼창에 매료되어 내년에도 꼭 다시 들르리라 약속했었으나, 이런저런 이유로 늦어져 갈대꽃이 많이 날아가 버린 오늘에야 겨우 그들과 재회할 수 있었습니다.

갈대숲과 초면인 동행 3인은 갈대숲에 흠뻑 빠져, 나올 생각을 않고 연신 포즈를 취하며 추억을 담기 바빴습니다.

2022년 11월 29일, 평일이라 사람들이 북적거리지 않는 양양 남대천 둔치는 고즈넉한 오후를 즐기기에 더할 나위 없이 좋았습니다.

짧은 해를 놓칠세라 주차를 하고 곧장 황포 돛대를 향해 걸었습니다. 안내데스크에서는 8인 이상이라야 배를 띄울 수 있다고 합니다. 주변에 한 사람도 보이지 않고 우린 네 명이니 난감했습니다.

궁리 끝에 8인의 승선요금을 지불하면 배를 띄울 수 있느냐는 질문에 가능하다고 했습니다.

고향에서의 좋은 추억 만들기가 경제를 살리는 일이라 생각되어…….

황포 돛대에 올라 우리는 지긋지긋한 마스크를 벗고 아주아주 오랜만에 신선한 공기를 폐 깊숙이 듬뿍 밀어 넣었습니다.

뱃삯이 아깝지 않도록 고향의 내음과 양양만의 푸른 기상을 맘껏 누렸습니다.

마침 비 온 뒤라 적당히 차가운 공기의 청량감이 말초신경까지 건드려 주는 것만 같아 하늘을 담은 파란 물빛과 함께 자연과 하나 되어, 감사하게도 청정 그 자체의 엄청난 호사를 가족과 함께 누릴 수 있었습니다.

오전에 낙산사 의상대, 홍련암, 지장전, 보타전, 산신각, 원통보전, 해수관음보살상, 올봄 연못 관음지에 조성된 관세음보살님까지 뵙고 왔더니 부처님께서 상을 주시는 듯했습니다.

차 안이나 실내에 있을 땐 간간이 빗방울이 떨어지고 걸어 다닐 땐 햇살이 간간이 나와 주니, 일주일 전부터 하루 종일 비가

사회에서 배우다

온다던 일기예보가 틀렸고 이 또한 얼마나 감사한 일인지 알기에 우리는 시간을 쪼개어 고향의 자연을 구석구석 느끼고 담으려고 부지런히 오감을 동원했습니다.

고개를 들면 먼 산자락이 겹겹이 조화를 이뤄 수묵담채화를 감상하게 되고 정면을 바라보면 갈대숲이 풍성하게 금빛 물결 이루고, 고개를 숙이면 하늘빛 담은 푸른 물결이 간혹 황금 비늘로 반짝입니다.

참으로 멋진 윤슬 덕분에 마음과 눈동자도 더불어 빛이 납니다.

멀리 남대천 하구 쪽엔 파도 부서지는 바다의 새하얀 띠가 우리들을 향해 달려오다 사라지고 우리들은 황포 돛단배와 함께 그쪽으로 미끄러지듯 다가서니 서로 밀고 당기듯 설렙니다.

철새들은 모두 날아가 버리고 텃새들은 인기척에 몸을 감춘 듯했습니다. 어쩌다 한두 마리 만나는 텃새가 반가웠고 어릴 적 보았던 새까맣게 하늘을 뒤덮던 명화 같던 고향의 새 무리 추억을 소환에 아들과 조카에게 들려주었습니다.

함께 추억을 떠올린 동생의 맞장구가 그때의 현장감을 좀 더 실감 나게 더할 수 있음을 다행이라 여기며 우리는 황포 돛대 위에서 한참 동안 대화를 멈추고 각자의 추억에 잠겼습니다.

사방을 휘둘러보면 어느 곳 하나 빠지지 않는 아름다운 비경들이 눈앞에 펼쳐지는 고향의 빼어난 자연경관, 풀 한 포기도 정겹고 추억들이 되살아나는 고향의 자연과 오랜만에 만나니 더할 나위 없이 행복했습니다.

우리 조상님들은 아름다운 경치와 벗하며 뱃놀이를 즐겼고 현대인들은 요트를 즐기지만, 먼 곳을 달려와 고향에서 가족들과 황포 돛대를 즐기고 있다고 생각하니 그동안의 노고를 보상받는 듯했습니다.

전혀 예상치 못한 '황포 돛대 뱃놀이' 선물에 좋아하던 동생도 타국에서 받은 스트레스 모두 날려 버리고 앞으로도 더욱더 잘 살아가야 할 당위성을 찾는 좋은 계기가 되었으면 좋겠다는 생각을 했습니다.

황포 돛대를 타고 바람 따라 흐르는 시간만큼은 마치 어머니 품속처럼 포근한 고향을 느낄 수 있었으며, 물속을 미끄러지듯 떠가는 황포 돛대처럼 우리들의 삶도 매끄럽게 물 흘러가듯 여유로운 삶이 되었으면 좋겠다는 생각과 함께, 94세 늙으신 어머니를 애달파하지 않고 잠시 잊을 수 있는 그 어느 때보다도 고요한 마음 상태를 유지할 수 있었습니다.

더도 덜도 말고 1년에 한 번씩 어머니 모시고 온 가족이 함께 황포 돛대 뱃놀이를 즐길 수 있는 자리를 마련해야겠다는 즐거운 계획도 세우고 나니 더욱 즐거운 고향 방문 추억여행이 될 수 있었습니다.

심란하거나 마음이 편치 않으신 분들은 양양 남대천 둔치를 추천합니다.

봄·여름·가을·겨울, 사계절 어느 때 가시더라도 실망하시는 일은 결코 없을 것입니다.

봄 벚꽃이 만개할 때의 꽃놀이가 황포 돛대 뱃놀이와 더불어 한껏 여행의 낭만을 더해 줄 것입니다.

철새들이 날아오고 날아가는 하늘 풍경, 연어 떼의 귀향에서 생명력과 삶의 박진감은 물론이고, 심지어 남대천 강변이나 강둑에서 느낄 수 있는 한겨울 매서운 강풍의 위력도 만만치 않을 것이고 폭설이 내린 자연의 경이로움까지도 여러분을 한없이 겸손하게 만들어 줄 것입니다.

황포 돛대에 올라 자연의 위력과 아름다움, 그리고 돈의 가치에 대해서 생각하게 되었습니다.

때마침 《식물에게 배우다》 세종 도서 인증 인세가 입금되었기에 주저 없이 기분 좋게 황포 돛대에 오를 수 있었고, 그로 인해 다시 《사회에서 배우다》라는 책을 쓰고 있으니 소비도 잘만 하면 생산 가치로 만들 수 있다는 생각과 함께 돈의 가치에 대해서도 다시 생각하게 되는 계기가 되었습니다.

돈은 버는 것 못지않게 가치 있게 잘 쓸 수 있는 지혜가 필요하다는 것을 황포 돛대 뱃놀이를 통해서 다시 한번 느낄 수 있었습니다.

여행이 취미라 얼마 전 디즈니랜드로 가족 여행했으니 좋은 곳은 많이 다녔을 테지만, 매번 받기만 했던 동생에게 인천 소래포구의 낙지 추억과 춘천 삼악산 케이블카와 우림 찻집의 다도 경험, 양양 황포 돛대 추억 만들기 등을 통해 오랜만에 언니 노릇 좀 한 것 같아 기분이 좋았습니다.

돈 때문에 울고, 웃고, 찡그리고, 심지어는 살인까지 악행으로 이어진다는 생각을 떨칠 수 없었고, 돈 때문에, 또는 돈을 벌기 위해 고생하는 모습만 익숙한 제게 돈이란 악의 요소요, 멀리해야 하는 것으로만 느껴져 지금까지 살아오면서 돈을 벌어야겠다는 생각을 50대 이전엔 단 한 번도 한 적이 없었습니다.

제겐 어떻게 살아가야 할 것인가에 대한 살아가는 방법적인 면이 더 중요했습니다. 한 달이라는 시간이 지나면 통장에 입금되는 것으로 만족하고 과잉지출로 부족하다 싶으면 허리띠 졸라매고 몇 달 절약하고 버티면 되니, 돈에 대한 스트레스를 받지 않으려는 저만의 마음 다스리는 방법을 비교적 빨리 터득하고 있었습니다.

대부분의 사람들이 돈을 벌려고 한평생 아등바등 살지만 이만

하면 풍족하다고 만족하는 웃음 띤 얼굴을 한 번도 본 적이 없었기에 어차피 만족할 수 없을 바엔 돈의 노예로 사느니 차라리 그냥 마음의 부자로 누리며 살자는 생각이 강했었습니다.

조금 늦은 감이 있지만 이젠 함께 나누고 누릴 수 있는 삶을 만들기 위해 좀 더 합리적이고 성숙한 경제관념을 갖고 다시 경제적으로 줏대 있게 잘 살아 내야겠다는 반성을 하게 됩니다.

황포 돛대 뱃놀이를 마치고 둔치로 돌아와 배가 떠내려가지 않도록 단단히 묶듯이, 행복한 뱃놀이에서 즐겁게 터득한 귀한 마음을 무심코 흘려보내지 않도록 이리저리 마음을 보듬고 있는 중입니다.

바람을 묶을 수 없듯이 마음을 묶을 수 없고, 스님 말씀처럼 천하를 들었다 났다 해도 마음은 마음대로 들 수 없기에 살살 어르고 보듬어야겠습니다.

띠
궁합

살면서 도저히 이해가 가지 않았던 부분들이 있었는데 얼마 전 알게 된 띠 궁합이라는 것을 적용해 해석해 보니 소름이 돋을 정도로 들어맞아 모든 궁금증이 해결되었습니다.

저도 젊었을 때는 믿지 않았으니 독자들도 같을 거라는 전제하에 믿기 힘들겠지만, 재미로 또는 알아 두면 정말 요긴하게 써먹을 수 있겠기에 배운 것을 남기고자 합니다.

부부간의 궁합은 많이 들어 봐서 알고 있지만, 부모와 자식 또는 가족들끼리도 좋은 띠 궁합이 있다고 합니다.

이런 정보를 좀 더 빨리 알았더라면 적용해 봤을 테고, 적어도 자신과 좋은 관계의 띠 정도는 알고 살아왔다면 조금 덜 힘들었지 않을까 하는 생각도 들었습니다.

자세한 사항들은 인터넷 검색을 하면 동영상이나 설명으로 자세히 나오니 궁금하거나 필요할 때 찾아보시면 될 것이고, 자·축·인·묘·진·사·오·미·신·유·술·해 띠 궁합 부분은 철학자들의 전문지식 영역이라 여기서는 생략할 것입니다.

우선 이 글을 읽으시면서 부모님과 자신의 띠 또는 형제자매들과 지인들과의 띠를 중심으로 자신과의 관계에서 그동안 살아온 경험치를 대조해 보시기 바랍니다.
그동안 나와의 인간관계에서 좋았던 사람, 나에게 치명적인 손해를 입힌 사람들의 띠를 비교해 보면 도저히 노력으로선 해결할 수 없었던 문제들이나 이해할 수 없었던 일들을 이해할 수 있을 것입니다.

모르는 것이 약이라지만 아는 것이 힘이 될 때도 분명 있습니다.
살면서 이 띠 궁합을 적용할 수 있는 예로는 매우 힘든 상황에서 이해하고자 할 때, 무엇인가를 시작하려 할 때, 결혼이나, 출산 계획을 세울 때, 집으로 동거인을 장기적으로 들일 때, 아기 돌보미를 구할 때 등 다양한 상황을 고려해 볼 수 있을 것입니다.

띠 궁합은 미신이 아니라 철학이라 생각되지만, 누군가의 질타를 받을 수도 있겠다 싶어 망설이다가 그래도 힘든 상황에 처해 있는 누군가를 위해서 용기를 내 제목으로 넣었습니다.

조심스러웠지만 힘들었던 시기에 이해가 되고 지혜롭게 대처할 수 있었던 부분이 있었기에, 질타를 뛰어넘어 누군가에게는 매우 필요한 정보라고 판단되기에 배운 것을 공유하고자 합니다.

잘 되려면 저절로 잘되고 저절로 잘되어 있거나 하는, 이러한 좋은 운 때가 경험에 의하면 분명 있었습니다.

띠 궁합도 자연스럽게 좋은 궁합의 띠와 만나거나 궁합이 좋은 해의 띠로 태어나겠지만, 아닌 경우 미연에 방지하는 목적으로 알아 두면 좋을 것 같습니다.

그렇다고 띠 궁합에 대한 맹목적인 믿음은 없어야 할 것입니다. 그러나 그저 재미로만 봐 넘기기에는 아쉬운 그 무엇인가가 분명 존재한다는 것을 경험으로 느낍니다.

사회에서 배우다

반야심경과의
인연

매일 반야심경 스물한 번을 암송하면서 서두르지 않고 인연 닿는 대로 마음공부로 반야심경에서 배우겠습니다.

다행히 식물에게 물을 주면서 마음을 씻었고,《놀이로 배우다》를 통해 나를 온전히 드러내 비워 냈으며, 자연에서 배우면서 앞으로 어떻게 살아가야 할지에 대한 방향설정이 된 후라 마음공부할 준비가 조금은 된 듯합니다.

불교 서적 판매대 위에 반야심경에 대한 해설서와 더불어 관련된 수많은 책들이 있는 것을 봤습니다. 그러나 오롯이 혼자만의 경험으로 제 그릇 됨됨이만큼 마음공부에 서서히 다가가고 싶은 마음이 있기에, 반야심경 원문만으로 마음을 들여다볼 심산입니다.

마하반야바라밀다심경이 너무나 광대하고 심오한 경이라서 '……'가 많을 것으로 예상됩니다.

'……' 말줄임표를 줄이는 것이 최대 과제일 듯합니다.

하루하루 공부하면서 심경의 변화를 있는 그대로 가감 없이 쓰려고 합니다.

만일 스님들께서 읽으시면 중생들의 마음의 변화를 아실 테고 저처럼 초심자들은 쉽게 용기를 내 마음공부를 할 수 있으리라 생각됩니다.

처음 반야심경과의 인연은 색즉시공으로 스쳐 지나갔습니다.

1984년 대학교 1학년, '색즉시공 공즉시색'을 강의실 초록 칠판에서 처음 만났습니다.

국민윤리 시간에 이○순 교수님께서 갑자기 '색즉시공 공즉시색'을 쓰시더니 뜬금없이 공과 색을 무어라 말씀하시는데 '왜 말씀하시는지?', '제가 그것을 왜 알아야 하는지?'에 대한 준비가 전혀 없었으므로 정말 뜬구름 잡는 소리처럼 들렸습니다.

그렇게 50분은 허공에 날아가고 색과 공이 가끔 어쩌다 들릴 뿐 무감각하게 받아들여졌고 '색즉시공 공즉시색'을 '정혜쌍수'와 함께 한번 들어 봤다는 정도였지 아무런 감흥이 없었으며, 저와는 먼 그저 스쳐 지나가는 유명한 구절쯤으로 받아들여졌었습니다.

사회에서 배우다

반야심경과의 두 번째 인연은 초등교사 시절 1995년 3학년 담임을 했었고 우리 반 학생 중에 교통사고를 당해 오랫동안 의식이 깨어나지 못하고 있는 ○영이를 위해 기도를 했습니다.

"하느님이든 부처님이든 계신다면 우리 ○영이를 깨어나게 해주세요. 그럼 제가 하느님이나 부처님을 믿겠습니다."

물론 ○영이는 바로 깨어나 건강한 모습으로 등교를 했었고 세월이 흘러 저는 근무지를 옮기고 살면서 이 첫 번째 약속을 까마득하게 잊고 있었습니다.

근무지 지역 만기가 되어 새로 옮긴 곳에는 여중·고 때부터 나를 적극 전도하던 목사님 따님이었던 친구가 목사님의 사모님으로 살고 있었으며, 우리는 고향 동창들과도 자연스럽게 만나고 있었습니다.

그러던 햇살 따스한 어느 토요일, 근무지에서 양손에 두 아들 손을 잡고 마을 구경을 나섰다가 청량한 풍경 소리에 이끌려 바람바람 걸어간 곳이 비구니 스님 두 분이 계시는 작은 절이었습니다.

스님께서 손수 우려 주시는 차 맛이 어찌나 좋던지…….

이렇게 2000년, 새천년이 시작되던 해 마음공부로 반야심경을 처음으로 알게 되었습니다.

연호 스님께서 반야심경을 외워 오라 하셨고 저는 둘째 아들을 업고 학교 운동장 철봉 밑에 서서 반야심경을 열심히 독송했습니다.

　반야심경과 처음 인연을 맺던 그 날, 운동장에서 바라보았던 하늘이 어찌나 맑고 푸르며 햇살이 쨍하던지 가슴이 벅차…….
　반야심경을 외우고 있는 엄마의 목소리에 반응하며 방긋방긋 웃고 있던 아기의 볼이 점점 등에 밀착되어 편안함이 느껴지던 그 순간이 어찌나 행복하던지…….

　그렇게 운동장에 서서 아기를 업고 뜻도 모른 채 오로지 깡으로 외운 한문으로 된 반야심경을 다음 날인 일요일 오후 스님 앞에서 암송을 했습니다.
　암송을 하면서도 스스로 끊어 읽기가 엉망이라는 느낌을 받았지만, 암송을 하던 그 순간은 세상에 없던 용기가 솟구치고 있음을 확인하는 계기가 되었습니다.

　이런 반야심경과의 인연으로 아직 머리가 녹슬지 않았음을 알게 되었고 용기를 내 교직을 그만두고 대학원과 박사과정에 진학할 수 있었던 동기부여가 되었습니다.
　박사 공부가 탄력을 받고 있던 중, ○영이 어머니로부터 예술고등학교 수석합격이라는 기쁜 소식을 받던 순간 '좋은 인연은 이렇게 이어지고 있구나!'하는 감사와 함께 막연히 인연에 대해서도 생각하게 되었습니다.

사회에서 배우다

○영이의 교통사고로 인한 의식불명의 안타까움을 벗어나기 위한 기도의 응답에 대한 약속은 이렇게 풍경 소리에 의해 불교와의 인연으로 자연스럽게 약속을 지킨 셈이 되었습니다.

　모태신앙을 제외하곤 종교와의 인연은 대부분 전도나 포교에 의해서, 혹은 친구 따라가거나 아니면 기쁠 때보다 대부분 절박하거나 괴롭고 힘든 순간에 찾아오는 것 같습니다만 다행히 제 인생의 가장 찬란했던 순간에 불법과의 인연이 시작되었던 부분은 두고두고 감사할 일이라 생각됩니다.

　낙산사 동종소리를 듣고 자라서인지 불교가 낯설지 않고 받아들이기에 거부반응이 없었습니다만 자칭 무늬만 불교라고 했을 만큼 불교에 대해서 무지 그 자체였습니다.

　반야심경과 첫 인연을 맺은 지 38년이 지난 요즘은 34년 전 첫 발령지에서 함께 근무했던 이○희 선생님과의 인연으로 불심에 불을 지폈습니다.

　전 세계적인 코로나 사태 장기전으로 인하여 죽음이 한순간임을 자주 느끼게 되고, 지천명이 훌쩍 넘어 세대교체 시기인지 친구 부모님들의 부고를 자주 듣게 되다 보니, 보다 나은 삶에 대한 생각을 하게 됩니다.

　이런 시기에 절에도 마음 놓고 갈 수 없는 상황이므로 집에서 마음공부를 시작했습니다.

처음에는 아무런 생각 없이 앵무새처럼 그저 반야심경을 읽어 나가는 데만 집중했습니다. 매일 새벽 한문 반야심경을 스물한 번 독송하다 보니 이젠 입에 착착 붙습니다.

마음의 여유도 생겨 입으로 독송을 하면서 작은 글씨로 된 한자에 자꾸만 시선이 머물고 뜻이 무엇일까 생각하게 됩니다. 아무래도 날을 잡아 한자로 크게 옮겨 적어 봐야겠다는 생각이 듭니다.

이번에는 한자로 된 반야심경을 독송하고 한글판을 번갈아 독송했더니 한자로 된 반야심경을 50일간 독송한 후 한글판으로 50일간 독송하라는 안내를 선생님으로부터 받았습니다.

반야심경을 100일 동안 이천 백 번 이상 독송한 후 과연 어떤 느낌이 들게 될지 무척 기대됩니다. 그만큼 현재 반야심경의 오묘하고 원대한 그 무엇인가의 위력이 느껴지고 있기 때문입니다.

지금은 생각을 집중해 마음을 모으는 데 중점을 두어야 할 것 같습니다.

스물한 번을 지루해서 어떻게 독송할까 우려했던 것과는 달리 읽으면 읽을수록 묘한 매력과 느낌으로 법의 세계에 빨려 들어가는 것 같아 시간 가는 줄 모르고 재미있습니다.

빨래를 개거나 설거지를 하면서도, 식물에 물을 주면서도 반야심경을 암송하는 저를 발견하게 됩니다.

사회에서 배우다

반야심경은 리듬을 타게 하고 노래가 되어, 오늘은 저도 모르게 발걸음은 경쾌해지며 리듬에 몸을 맡기고 반야심경을 암송했습니다.

누군가를 위해서 지극정성으로 불공을 드리는 난생처음 경험하는 뜨거운 마음도 환희로 남아 있고 그러나 이 환희는 마음으로 느낄 뿐 눈에 보이진 않습니다.

눈에 보이지 않는다고 해서 없는 것일까요?

아닙니다. 분명 환희는 있습니다.

그러나 잠깐 느꼈을 뿐 일시적인 환희는 제게 이제 없습니다. 그렇다고 해서 환희가 없는 것도 아닙니다. 지금도 제 세포는 그 순간을 느끼고 있습니다.

이렇게 매일 본문 260자로 이루어진 마하반야바라밀다심경을 독송하면서 막연했던 의미들이 어렴풋이 느낌으로 다가오는 듯합니다.

반야심경은 아마도 머리가 아닌 마음으로 접근해서 느낌과 마음으로 차근차근 배워 나가야 할 것이라는 생각이 듭니다.

반야심경에 대한 믿음과 의지가 제 학문의 세계에 가장 큰 힘이 될 것이라는 것을 믿어 의심치 않습니다.

집중이 잘될 때는 쉬지 않고 단숨에 암송이 되지만 조금 게으름을 피우다 암송을 하면 단 한 번의 숨은 여러 번의 쉼으로 암송을 끝내게 됩니다.

반야심경(마하반야바라밀다심경)

아제아제 바라아제 바라승아제 모지사바하(세 번)

반야심경을 의지하면 화가 가라앉아 소멸되고 반야심경을 의지하면 비웠던 것들이 채워져 있고 반야심경을 의지하면 욕심도 사라지고 마음만은 세계에서 최고 부자가 됩니다.

반야심경을 의지하니 작은 것들이 크게 보입니다.

반야심경을 의지하니 눈에 보이지 않아도 있다는 것을 느끼게 됩니다.

반야심경을 의지하면 마음이 여여해지니 반야심경을 의지하며 사는 것이 제가 추구하던 지혜로운 삶이겠구나 하는 생각에 지금은 머물러 있습니다.

그것도 잠시의 생각일 뿐 며칠 후, 지혜로운 삶도 없다는 생각이 듭니다.

반야심경을 의지하는 삶.

이것이야말로 평생 화두였던 '어떻게 살 것인가.'에 대한 모범 답안이 될 수 있을 것 같습니다.

이제 반야심경은 문명과 만나 버즈를 끼고 스님의 반야심경 독

사회에서 배우다

송을 들으며 설거지를 합니다.

반야심경 스물한 번 독송은 마음공부의 정수라는 생각이 들었습니다.

좋은 마음공부 세계로 이끌어 주신 이○희 선생님께 다시 한번 감사드립니다.

수개월이 지난 지금 일상회복이 되어, 반야심경에 잠시 몰입할 수 있었던 나만의 시간들이 얼마나 소중한 경험이었고 얼마나 감사한 마음공부였는지 이제야 알 것 같습니다.

쪼그라들었던 주름진 마음이 한 뼘 정도 펴진 것 같습니다.

산불

2022년 3월 4일 울진에서 삼척까지 열흘 정도 213시간이라는 긴 시간 동안 악몽 같은 대형 산불이 일어났습니다.

경북에서 강원도까지 휩쓸고 간 불길은 주변의 모든 것들을 집어삼켰고 우리들은 뉴스를 통해 어처구니없이 속수무책으로 지켜볼 수밖에 없었습니다.

새까맣게 타들어 가는 나무들을 보면서 마음이 타는 듯 안타깝고 아팠습니다.

나무가 탄다는 것은 오랜 세월이, 수많은 시간들이 없어지고 사라져 가는 것이나 마찬가지라는 생각이 들었습니다.

제게 있어서 나무는 오랜 시간이었습니다.

식물을 좋아하다 보니 반려식물로 대형 떡갈고무나무를 거실에서 기르고 있습니다.

나뭇가지에서 새순이 돋아 잎이 나고, 잎이 펴지면서 자라는 동시에 초록 잎자루도 점점 자라서 잎줄기가 됩니다. 이 초록 잎줄기는 시간이 지나면 점점 갈색으로 변하면서 줄기가 되고, 굵어져 나뭇가지가 되지만 1년이 지나도 새끼손가락 굵기보다도 가느다랗습니다.

그러니 나무 둘레가 두 손가락이 포개진 굵기 정도로 자라는 경우의 시간을 헤아려 본다면, 나무들이 여름날 그 뜨거운 햇볕과 한겨울 모진 눈바람을 견디어 낸 횟수를 짐작할 수 있을 것이며 나무 자체가 시간이었다는 것을 알 수 있습니다.

시꺼멓게 재밖에 남지 않은 민둥산이 다시 복구되려면 또 오랜 시간이 필요합니다.

전문가의 말에 의하면 20년 이상은 소요된다고 하니 가슴이 먹먹하고 안타까울 뿐입니다.

한순간의 부주의로 다시는 돌이킬 수 없는 나무들을 포함한 소중한 식물들을 모두 잃었습니다만 재만 남은 나무에게서 다시는 돌이킬 수 없는 시간들을 잃었다고 말하는 사람은 아무도 없습니다.

산속의 숲이 사라지고 나무가 사라졌다는 것은 누군가의 추억도 앗아갔고 생계도 막막해졌다는 뜻이기도 합니다.

사람들뿐만 아니라 산속의 짐승들이나 새들도 하루아침에 보금자리를 잃었다는 뜻입니다.

2005년 양양 낙산사 산불 진화 후 오랜 시간 복구를 주관하셨던 주지 스님께서 17년이 지난 지금 암으로 고생하시는 소식을 들으면서 산불이 정말 무섭다는 것을 다시 확인했습니다.

그때 그을렸던 소나무가 몇 그루 살아나긴 했어도 나무껍질이 아직까지 검게 그을린 모습을 벗어나지 못한 흔적을 보면, 그을리고 타들어 간 땅을 복구하고 복원해야 하는 사람들의 건강도 해칠 수 있겠다는 생각을 떨칠 수 없습니다.

무심한 세월은 흘러 어느덧 12월, 한파의 영향으로 하얗게 쌓인 눈이 녹지도 않고 있는 엄동설한이기에 산불 피해 지역 주민들은 건강하신지, 안녕하신지, 몸과 마음이 얼마나 힘드실지, 더불어 늘 잿더미 현장에 머물러야 하는 소방관들의 건강복지도 잘 챙겨 드려야 할 것 같은 생각이 많아지는 밤입니다.

가장 지혜로운 방법은 소 잃고 외양간 고치지 않기로, 꺼진 불도 다시 보는 불조심과 함께 미리미리 점검하고 체크해서 방화나 자연 발생 화재 방지를 위해 우리 모두 함께 더욱더 노력했으면 정말 좋겠습니다.

산불은 꿈속에서나 일어나는 걸로, 산불은 꿈속에서나 만나는 걸로 했으면 참 좋겠습니다.

사회에서 배우다

타들어 간 산들의 활발한 자정작용을 통해 또는 자연의 자정작용을 통해, 인공적으로 회복시간을 단축해서라도 하루빨리 생명이 꿈틀거리고 식물이 무성했던 옛 모습을 찾게 되길 바라면서, 이 시간부터 다시는 우리나라 언제 어디서든 불이 났다는 뜨거운 소식이 들려오지 않기를 간절히 소망합니다.

간절히 기도합니다.

  전국 곳곳에 눈이 많이 내려 쌓였지만, 강원도 동해안은 건조한 날씨인 가운데 12월 겨울 한파가 기승을 부리기에 우려되어, 산불 소식을 미연에 방지하는 소망 기도를 했지만 바로 다음 날 강원도 고성 민가에서 인근 야산으로 불이 번져 산림 $0.5ha$가 탔다는 뜨거운 소식을 또 듣습니다.

  이젠 화가 납니다.
  2019년 고성 속초 산불의 뜨거운 맛을 벌써 잊었단 말입니까?
  아직도 뜨거운 맛을 모르겠습니까?

  어제는 강릉에서 산불이 났으며, 강풍으로 인해 소방헬기가 뜨지 못한 상태에서 불길을 잡지 못해……
  마음이 너무 아파 더 이상 쓰고 싶지 않습니다.

산불

Learn from Society

택배
상자

첫 발령지에서 함께 근무했던 옆 반 선생님과 30년 만에 연결되었습니다.

우린 첫 통화에서 이미 30년이라는 긴 세월의 공백이 메워짐을 느낄 수 있었고 마치 어제 만난 친구처럼 대화가 끊이지 않았습니다.

생각날 때마다 우려했던 것이 무색할 정도로 너무너무 행복하게 잘 살고 계시는 소식에 무엇보다도 감사하고 덩달아 행복했습니다.

이어서 커다란 택배 상자가 도착했고 선생님 댁 냉장고를 모두 비워 보내 주신 듯 청정 먹거리들이 상자 안에 바리바리 들어 있

사회에서 배우다

었습니다.

마치 친정어머니가 정성껏 이것저것 챙겨 보내 주신 듯한 마음이 느껴져 봉지봉지 야무지고 정갈하게 담긴 먹거리를 푸는 내내 가슴이 몽글몽글하다 못해 뭉클해졌습니다.

무리해서 새 아파트에 입주해 힘들었던 속마음을 들으시고 아마도 걱정 반 잘 살았으면 하는 마음 반으로, 정성이 듬뿍 담긴 팥 앙금을 보내 주셨나 봅니다. 가는 체에 밭쳐 껍질이 모두 제거된 곱디고운 붉은 팥 입자의 앙금 덩어리를 보는 순간 울컥하는 마음에 눈물을 겨우 참았습니다.

그렇게 단단하고 동글동글한 붉은 팥알이 팥 앙금이 된 것입니다. 여기에 선생님께서 가르쳐 주신 대로 찹쌀을 불려 죽을 쑤다가 팥 앙금을 넣어 조금 더 끓이니 팥죽이 되었습니다.

새알 대신에 보내 주신 찰떡을 적당한 크기로 썰어 넣었더니 깔끔하고 맛있는 근사한 팥죽이 되었답니다.

선생님께서 안내해 주신 대로 난생처음 팥죽을 문 앞에 작은 덩어리로 분배해 세 군데에 나누어 두었습니다. 그랬더니 정말 상상하지도 못한 신기한 일이 벌어졌습니다.

자고 일어났더니 팥죽은 둥근 원 모양으로 바닥에 밀착된 채 바짝 말라 갖가지 형상을 표현하고 있었습니다.

팥죽이 그림이 되고 팥죽이 글씨가 되리라고는 전혀 예상치 못한 일이라 그저 신기할 뿐이었습니다. 너무너무 신기해서 사진으로 남겨 두고 강릉에 전화를 드렸더니 제 이야기를 한참 들으시고는 "팥죽이 시가 되었군요."하십니다. 이미 선생님께서는 시인이셨습니다.

어느 날 택배 상자 속 붉은 팥 앙금이 그림이 되었습니다. 상상도 하지 못했던 일이 벌어졌습니다. 붉은 팥이 앙금이 되고 팥죽이 되어 마르니 그림이 되었고, 이야기가 되고 시가 되었습니다.
붉은 팥 앙금이 정성이 되어 행복한 추억을 만들었습니다.
친정어머니도 채워 주지 못하셨던 공허한 마음을, 선생님께서 보내 주신 택배 상자를 여는 순간 정성이라는 마음으로 이미 채워졌습니다.

붉은 팥 앙금의 고운 입자가 어느새 제 마음에 밀착되어 그림과 시로 메꾸고 있으니 공허한 틈이 보이지 않습니다.
이것이 정이요, 무조건적인 사랑이라는 것을 이젠 알 것 같습니다.
저도 선생님 연세가 되면 배운 대로 누군가를 위해 정성껏 택배 상자를 싸고 있을 것이라고 생각됩니다.

사회에서 배우다

어머니라는
이름으로

　지난날 우리는 여자라는 이름으로 남편에게 희생하고, 어머니라는 이름으로 자식들에게 희생하며 살아가는 어머니상에 익숙해져 있다고 해도 과언이 아닙니다.

　양성평등, 성 평등 시대를 살고 있는 우리들이지만 여전히 어머니라는 이름은 자유보다 구속이, 발전보다는 희생이 가깝게 느껴집니다.

　기존의 사회활동에서 여성보다는 남성 중심의 사회활동을 선호하였고, 남성 중심의 사회에서 남성들이 만들어 놓은 굴레에 여성이 가치관을 비판 없이 수용하며 살아왔던 시대는 이미 사라졌습니다.

그럼에도 불구하고 아직도 자식을 위한 일이라면 양심까지도 팔아가며 앞장서는 몰상식한 어머니들이 있어 눈살을 찌푸리게 됩니다.

이 세상 모든 어머니가 희생하는 것은 아닙니다. 몰상식적인 방법을 거룩한 희생이라고 할 수는 없습니다.

희생 앞에는 뜻이 매우 높고 위대하다는 거룩함이 매우 잘 어울리는 낱말입니다.

우리는 여자들이 어머니로서 희생을 강요당하고 있는 것은 아닌지 의문을 갖고 생각해 볼 필요가 있다고 생각합니다.

한편 무조건적인 희생도 안 되겠지만, 어머니라는 이름으로 나르시시스트가 되어 자식을 소유물로 여기며 마음대로 자식의 삶을 휘둘러, 자식의 자존감과 자긍심을 뭉개 버리는 경우는 없어야 할 것입니다.

그러나 불행하게도 우리 주변에서 나르시시스트 어머니나 나르시시스트 아버지를 쉽게 만날 수 있습니다. 아마 자신도 모르는 사이에 스스로 나르시시스트 부모가 되어 있는지도 모를 일입니다.

만일 자신이 나르시시스트 어머니나 아버지라고 의심되면, 또는 부모님 중에 나르시시스트가 있다면 자녀 중에도 나르시시스트적 성향이 강한 형제자매가 나올 수 있으므로 가족 중에 상처

사회에서 배우다

받고 고통받고 있는 사람이 존재할 수 있을 것입니다.

어쩌면 가족들이 함께 상담을 통해 상처를 치유해야 하는 심각한 상황을 외면하고 있을지도 모릅니다.

축구 국가대표 주장 손흥민 선수 아버지처럼 축구 분야에 전문적 지식을 갖추고 계획적이고 의도적 노력이 선수와 일치한 것처럼, 완벽하게 성공적인 희생을 할 수 없다면 사랑과 정성은 듬뿍 주되 절대 희생은 하지 마십시오.

희생은 결국 성공하더라도 가족 중 누군가에게 상처가 크게 남게 될 것이므로 함께 성장할 수 있고 함께 행복할 수 있는 방법을 찾아야 한다고 생각됩니다.

어머니라는 이름으로 희생보다는 아름답고 멋진 삶을 추구하는 인생 선배가 되는 것이 보편적인 사람들과 사랑하는 자녀들에게 훨씬 효과적일 수 있을 것입니다.

어머니라는 이름으로 무조건 희생하지 말고 함께 성장하고 함께 행복할 수 있는 방법을 찾아 살아가는 것이야말로 지혜로운 삶이라 생각합니다.

생각 그릇
마음 그릇

톡톡 헤어 새하얀 벽 까만 문구에
'더 좋은 나를 위해
더 좋은 날을 위해.'라는 말이 있었습니다.

여기에 더 좋은 나날을 위해로 합했습니다.
다시 더 좋은 너를 위해로
더 좋은 우리를 위해로 바꿨더니

더 좋은 우리들의 나날을 위해로
미래지향적 시구가 뚝딱 튀어나와
무엇을 해야 할지 생각하게 합니다.

사회에서 배우다

더 좋은 우리들의 나날을 위해!
당장 축하주라도 마셔야만 할 것 같아
그럴 듯한 멋진 생각 그릇을 정성껏 빚습니다.

이렇게 교집합에서 합집합으로
나를 너를 위해 살짝 마음 바꾸면
세상 담을 그릇이 좀 더 커집니다.

엎었다 뒤집은 그릇처럼
닫혔던 마음을 활짝 열어젖히면
생각 그릇은 무한대로 커집니다.

작년 올해 하얀 벽 까만 문구는 그대로지만
합집합 된 마음 그릇 시너지는
푸른 동해 바다를 담고도 남을 듯 부풀어 오릅니다.

자꾸만 쪼그라들던 종지 같은 생각 그릇은
바닷물을 담고도 남을 만한 마음 그릇 탓하며
황포 돛단배 되어 바람 따라 이리저리 떠다닙니다.

아르바이트
앱

위드코로나 시대를 살고 있는 요즘, 새로운 세계를 알고 싶어 스마트폰에 이름만 대면 누구나 알 수 있는 아르바이트 앱을 깔았습니다.

신청하려는데 자신을 표현하는 한 문장을 쓰라고 합니다.
"엄마는 어떤 사람이니?"
"한마디로 겉과 속이 같은 사람입니다."
휴, 다행입니다.
머뭇거림 없이 겉과 속이 같은 사람이라고 썼습니다.

이력서도 넣지 않았는데 즉시 저의 스펙에 어울리는 전문적 교

사회에서 배우다

육 관련 구인 안내들이 올라오고 메일이 왔지만, 고민할 것도 없이 친정어머니 연세와 같은 93세 할머니 돌봄 광고를 클릭해 신청했습니다.

신청 후 메시지를 넣었으나 답이 없고 전화를 걸어도 받지 않고 구인광고도 없어졌습니다.

사람들을 유인하는 허위 광고물임에 틀림없습니다.

이런 식으로 호객행위를 하는구나!

많은 사람들이 절박한 심정으로 무엇이라도 해보고자 아르바이트 앱 사이트를 들어갈 텐데……. 사기라도 당할까 봐 걱정입니다.

그 후 겉과 속이 같은 사람이 궁금해서인지 가끔 사무실 면접 안내 전화가 옵니다만 마음이 움직이지 않습니다.

너무 쉬운 사람인가?

너무 쉽게 보였나?

정성을 다해 연로하신 할머니를 돌봐 드리면 서로가 가치 있는 시간이 될 수 있겠다는 약간의 설렘도 사라졌고 백수를 바라보시는 할머님의 지혜를 배울 수 없게 되어 다소 아쉬움이 남지만 크게 마음 상하지 않고 좋은 경험을 했으니 다행입니다.

겉과 속이 같은 사람, 세 권의 책으로 아들에게 속을 다 보였으니 이젠 말을 안 해도 제 마음을 알아주겠거니 조금은 기대가 됩니다.

요즘은 대화를 많이 하고 저를 바라보는 눈빛에 예전보다 웃음기가 묻어나니 말입니다.

사회에서 배우다

돈 없이
수도권 아파트 사기

대한민국의 보통사람이라면 대부분 저와 다르지 않을 것이라 생각되기에 혹시나 도움이 될까 해서 돈 없이 45평 아파트를 제 것으로 만들 수 있었던 좋은 경험을 공유하고자 합니다.

금수저, 은수저를 부러워할 것이 아니라 목수저라도 나이테가 세상에서 단 하나뿐인 가장 아름답고 멋지게 만들 단단한 나무로 만들면 된다고 생각합니다.

우리 부부는 자수성가를 했고 양가 친척들과 형제자매들이 많아 집안 경조사가 많았으며 둘째 아들인 남편이 장남 노릇을 해야 했고, 유난히 자동차를 좋아해 첫 번째 아파트를 사기 전에 차를 네 대 바꿀 정도로 규모 있고 계획적인 소비와 저축을 할 수 없었습니다.

원주에서 서울 송파 올림픽선수촌 아파트로 이사를 오니 엥겔지수가 1.5배 정도 늘었습니다. 사립 중·고등학교라 교육비도 만만치 않았으나 졸업을 하고 둘째가 분당에 있는 예고에 입학하게 되어 대중교통을 네 번 갈아타야 하는 힘든 통학을 했습니다.

잠실서 통학하던 친구는 자취를 할 만큼 학사 일정과 방과 후 활동이 왕성해 우리도 중요한 결정을 내려야만 했습니다.

이사 오면서 서울에 내 집 장만해야겠다는 야무진 생각을 갖고 신문 경제면을 열심히 뒤적였던 터라 얼마나 힘들고 오래 걸릴지 잘 알고 있었습니다.

서울에 내 집 장만 계획은 일단 후퇴, 먼저 구경이나 해보자는 생각으로 신문에 실려 온 전단지를 들고 난생처음 초행길로 성남을 향해 달렸습니다.

잘 모르는 길은 운전하지 않고 전철을 타던 제가 그날 어디서 그런 용기가 생겼는지 무조건 운전을 해서 아파트 분양사무실을 찾아갔습니다.

광고 전단지에 있던 35평대는 모두 분양되었고 40평대만 여덟 채 남았다는 안내를 받고 잠시 망설였으나 먼 길 달려온 수고로움에 대한 보상으로 구경이나 한번 해보자는 마음으로 새집에 들어섰습니다.

미분양 아파트라 분양가보다 싸게 내놓았다는 점에 솔깃했고 무엇보다도 1억 9,800만 원만 내고 입주한 후 2년 후나 4년 후에 집 등기를 내면 된다고 했습니다.

집은 마음에 들지만 가진 돈은 턱없이 부족하니 마음을 접기로 결정하고 집으로 돌아왔으나 밤새도록 새 아파트가 아른거렸습니다.

다음 날 아침 전철을 타고 가 아파트 내부 구석구석을 꼼꼼히 살펴보고 정원을 둘러봤습니다. 그 후로도 오전과 오후, 흐린 날에 들러 채광까지 체크해 보았습니다.

보면 볼수록 좋은 조건인 것 같아 남편과 함께 두 번을 구경하며 설득을 했지만 돈을 마련할 자신이 없는지 강한 반대에 부딪혔습니다.

심사숙고 끝에 마지막으로 한 번 더 구경해 보자는 마음 계산으로 아파트 내부를 둘러보고 주변의 전통시장까지 걸어갔다가 오니 더블 역세권에 버스노선도 좋아 더욱 집이 마음에 들었습니다.

그러나 남편은 반대하고 서울 집은 계약종료 5개월이나 남아 보증금 돌려받기 힘들며, 원주 집은 팔리지 않으니 욕심만 낼 수는 없는 일이고, 애석하지만 입주를 포기하고 가계약 전의 약속대로 소액의 계약금을 환불받았습니다.

다음 날 어쩔 수 없이 길가에 있는 한 부동산에 들어가 우리 집 형편에 맞는 전세를 얻어 달라고 부탁드렸습니다.

사장님께서 웃으시며 그 돈으로는 이곳에서 전세도 못 얻으니 가장 쉬운 방법은 차라리 미분양 아파트를 사라고 하셨습니다. 여러 가지 방법으로 도와주고 나중에 정 집 등기 내기 힘들면 파는 것도 도와주시겠다는 조언과 약속을 해주셨습니다.

　우리 집 형편으로 가장 좋은 방법이라 판단되었기에 입주하고 싶었으나 남편이 반대를 하니 엄두가 나지 않았었는데 사장님 부부의 조언으로 용기를 낼 수 있었습니다.

　당장 일시불로 집값을 지불해야 되는 것이 아니라 전세금도 안 되는 금액으로 넓고 좋은 곳에서 아이들 편하게 공부할 수 있고 집값 오른 후에 팔면 된다는 논리로 다시 남편을 설득했으나 비협조적이었습니다,

　이보다 더 좋은 방법이 없다고 판단되니 원주 아파트 살 때처럼 할 수 없이 혼자서 미분양 아파트에 입주하기로 결정하고 예금 적금까지 끌어모았지만 턱없이 부족했습니다.

　계약 당시 아파트 가격을 계산 해보니 2년 후나 4년 후 등기 내기까지 5% 이자를 더한 금액이 아파트 가격으로 책정되어 있었습니다.

　아파트 단지가 천 세대 이상이고 잘 조성된 멋진 정원의 가치며 골프장 시설까지 포함하고 교통이 좋아 잠실이 전철로 18분, 강남도 지리적으로 가까운 위치에 더블 역세권이라 미래 가치가 있어 아파트값 떨어질 걱정은 없다는 판단이 섰습니다.

사회에서 배우다

잔금을 선납하면 선납 금액의 5% 이자를 할인해 주는 입주자에게 편리한 조건이 있어 활용만 잘하면 생각보다 빨리 아파트 잔금을 치르고 대출이자를 줄일 수 있겠다는 계획을 세운 뒤, 최대한 시간을 벌기 위해 4년 후 집 등기를 내기로 계약서를 썼습니다.

예고 3년에 대학입학까지 넉넉잡고 4년은 버텨야 되었기에 선택의 여지 없이 2년 후 집 등기 내는 조건보다 1억 5,400만 원이나 더 주고 아파트를 살 수밖에 없었습니다.

남편의 적극적인 지지만 있었다면 보다 싸게 2년 후 등기 내기로 계약할 수 있었겠지만 남편 이름으로 등기 내는 것조차 싫어했으니 알다가도 모를 남의 편이 남편이라는 생각에 이르자 더욱 치밀하게 준비해야만 뒤탈이 없을 것 같았습니다.

원주 아파트 살 때도 비협조적이라 전세 보러 갔다가 혼자서 계약하고 매입했던 성공적인 좋은 경험이 있었으므로 이번에도 반대를 무시하고 제 판단대로 계약을 진행했던 것입니다.

물론 부동산 사장님께서 제 주거래은행보다 이자가 싼 다른 은행에서 원주 아파트를 담보로 대출을 받을 수 있도록 도와주셨으며, 이때 은행마다 대출이자가 다르다는 것을 처음으로 알게 되었습니다.

이렇게 주거래은행은 자연스럽게 바뀌게 되었고 은행대출 담당자 추천을 받은 신용카드로 생활비를 잘 활용했더니 변동금리

0.1%에서 0.2% 정도는 낮출 수 있었으며 적은 금액이지만 포인트를 현금화할 수 있었습니다.

무엇보다도 원주에 있는 아파트를 최대한 활용했기에 고전을 면할 수 있었다고 생각됩니다.

그 당시 원주 아파트 가격은 성남시와 비교하면 매우 싼 편이라 아파트를 판 것보다 월세를 주는 것이 활용도가 높다고 생각했습니다.

아파트를 담보로 최대한 대출금을 받을 수 있었고 월세 보증금은 선납 할인받았고, 월세 받는 것은 대출금 이자 상환에 큰 보탬이 되었습니다.

대출 당시 원주 아파트에 세입자가 없는 빈집이었기에 가능한 일이었다는 것을 기억해 두시기 바랍니다. 아파트 담보대출을 받았으니 당연히 전세는 월세 세입자로 전환해야 했으며 이 또한 전화위복이 되어 2억 원대 아파트를 4억 원대로 활용하는 것이나 마찬가지 효과를 얻었습니다.

여기서 잘되려면 저절로 잘된다는 말이 무엇인지 알게 되었습니다. 팔려고 내놓은 아파트를 수리해 월수입을 창출했으니 효자 노릇을 톡톡히 한 셈입니다.

놀랠 정도로 계획보다 더 자연스럽게 일사천리로 일이 진행되어 감사하는 마음으로 드디어 입주 아파트 계약서를 쓸 수 있었

사회에서 배우다

습니다.

막상 입주하려니 반대하던 남편도 도와주고 때마침 살던 올림픽선수촌 아파트도 쉽게 세입자가 들어와 이사 나올 때 운 좋게 돌려받은 보증금으로도 선납 할인받을 수 있었습니다.

예금이나 적금도 만기가 얼마 남지 않아 예금담보 대출을 받아 일단 미분양 아파트를 계약하고 한두 달 뒤 만기가 되어 갚는 방법으로 일을 진행했습니다.

은행 관련 업무는 혼자만의 판단보다 전문가의 조언을 받아들이는 것이 지혜로운 방법임을 경험을 통해 알게 되었습니다.

좋은 일에는 마가 낀다는 말이 있듯이 지은 지 2년 된 미분양 아파트에 입주했으므로 하자보수가 매끄럽게 되지 않아 힘들었지만 수도권에서 45평 아파트에 살 수 있게 된 것만으로도 우리 가족은 감사하며 살아야 한다는 생각이 컸습니다.

무리해서 아파트를 샀으나 현실에서 월세 비용 낼 돈으로 대출 원금과 이자를 내고 있으니 원금은 저축하는 것이나 마찬가지인지라 아파트를 월세로 샀다고 해도 과언이 아닙니다.

때마침 스마트폰의 발달로 은행 앱으로 집안에서 한밤중에도 편안하게 은행 업무를 볼 수 있는 얼리 어답터 생활을 할 수 있었으며, 단 하루의 이자라도 줄이고자 200~300만 원만 모여도 바로바로 송금해서 선납 할인받았고, 줄어드는 원금만큼 조금씩 이자가 줄어가는 재미도 쏠쏠했습니다.

감당할 수 있을 만큼 힘들었지만 돈 빌려 달라는 스트레스받는 전화가 없으니 모처럼 좋은 점도 있었습니다. 맞벌이 부부라 원주 아파트 대출 원리금과 생활비, 교육비를 제외하고 모두 미분양 아파트 선납할인금으로 송금해 아파트 원금을 줄이는 데 최선을 다했습니다.

나중에는 선납할인금을 5%에서 점점 줄어 3%로 변동할인 적용하기에, LH공사 분양사무소 경리 담당하시는 분께 죄송할 정도로 자주 100만 원 이상만 되면 송금해 선납 할인받았습니다.

힘들어도 나중에 주택연금으로 전환할 수도 있으니 미리 허리띠를 졸라매고 노후준비 저축하는 것으로 스스로에게 세뇌시켰더니, 저축하는 즐거움도 느낄 수 있어 마냥 힘들지만은 않았습니다.

입주하기 전에 만들었던 '수도권 아파트 사기 프로젝트' 노트에는 장기계획, 4년 계획, 1년 계획, 수입과 지출, 선납 금액, 선납할인 이자율과 금액, 대출 원금과 이자, 현재 가정경제 상태, 마음가짐 등 비록 통장에 기재되어 있는 내용일지라도 일목요연하게 수시로 기록, 정리, 보완해 한눈에 알아볼 수 있도록 노력했습니다.

새 아파트에서 달콤한 4년은 흐르는 물처럼 빨리 지나가 버렸고 그새 정권이 교체되어 부동산 법이 수차례 바뀌고 무조건 집 등기를 내야만 하는 상황이 벌어졌습니다.

4년간의 노력으로 다행히 선납 할인금액이 3,000만 원이 훨씬 넘을 정도로 많은 선납 금액이 반영되어, 아파트 담보대출로 2억 5,000만 원을 대출받으면 1,200만 원 세금까지 포함해 아파트 등기를 낼 수 있었습니다.

2년 후 등기 내는 경우 집단대출을 받을 수 있었지만 4년 후는 개인대출을 진행해야 했습니다.

운 좋게도 금리가 떨어지고 있는 추세라 변동금리로 대출을 받고 처음엔 금리가 올라 불안하기도 했지만, 차츰 저금리 시대라 불안감을 떨치는 데 도움이 됐습니다.

드디어 4년 만에 새 아파트 등기를 손에 쥐던 날, 우리는 작은 케이크 앞에서 감사한 마음으로 크게 웃을 수 있었습니다.

그 후 1가구 2주택도 정부가 규제하는 부동산 법이 시행되어 어쩔 수 없이 원주 아파트를 팔아 대출 원금은 줄였지만 월세 소득이 없어진 상태로 고스란히 은행대출 원금과 이자를 부담해야 하니 교육비를 줄일 수도 없고 줄일 것이라곤 사회 활동비였습니다.

학회나 동창회 등 모임을 줄이고 화장품 옷 등은 꼭 필요한 것만 사고 비우는 삶을 선택했습니다. 염색은 집에서 하고 긴 머리는 점점 짧아져 요즘은 생머리에 쇼트커트 생활이 얼마나 편한지 진작 자르지 않은 것을 후회할 정도입니다.

새 아파트에 처음 입주하던 날, 가족회의에서 안방 베란다만 우리 집이고 모두 은행 집이라고 농담 반 진담 반으로 말했던 순간을 또렷이 기억합니다.

몇 달 지나 저는 이제 현관도 우리 집이라 했고 두 아들은 군 생활에서 저축한 용돈을 내놓으며 거실 벽면에 벽돌 수백 장 정도는 우리 것이라고 말해 든든함을 느끼기도 했습니다.

아파트 등기를 내고 4년이 지나 어느 정도 감당할 만큼 대출금 정리를 하고 난 후, 주거래은행에서 아파트 담보대출을 받아 시어머니께 빌렸던 대출금을 갚아 드렸습니다.

8년간 시어머니 통장으로 35만 원씩 송금했으나 원금이 1원도 줄지 않았었는데 1년이 지난 지금 340만 원 넘는 원금이 절감된 걸 보니 8년 전 아파트 등기 낼 때 한꺼번에 대출받아 갚았더라면 원금 1,360만 원을 절감할 수 있었으리라는 아쉬움이 남았습니다.

여기서 순간의 판단이 이렇게 후회나 웃음의 결과를 가져올 수 있다는 값비싼 지혜를 터득할 수 있었습니다.

가만히 돌이켜 보면 1억도 채 안 되는 현금을 갖고 수도권 45평형 아파트 등기를 낼 수 있었던 것은 운이 좋았다고밖에 설명할 수 없습니다.

저랑 아파트랑 좋은 인연이 있었기에 수많은 사람들이 구경하고 갔을 이 아파트가 미분양되어 분양가보다 낮은 가격으로 우리 가족을 허락한 것 같기에 앞으로도 더욱더 잘 살아야겠다는 마음이 듭니다.

사회에서 배우다

수도권에서 돈 없이 아파트를 사려면 가장 먼저 신용 있고 신뢰감이 있어야 주변에서도 믿고 도와줄 것입니다.

지금 당장 돈이 없더라도 경제활동을 할 수 있는 능력을 갖추고 있어 갚을 수 있어야 할 뿐만 아니라, 스트레스를 받더라도 사야만 하는 당위성과 함께 집의 미래 가치를 볼 수 있는 안목도 있어야 하며, 부족한 부분은 부동산 전문가의 도움을 받아도 좋을 것입니다.

또한 사람이 거짓말을 하는 것이 아니라 상황이나 돈이 거짓말을 하는 것이므로 만일의 경우를 대비해 돈을 준비할 수 있는 1안, 2안을 마련해 두는 것이 계획에 차질이 있더라도 당황하지 않고 대처할 수 있는 방법입니다.

아파트 잔금 마무리까지 사람과 돈을 믿지 말고 끊임없이 자신과 묻고 답했던 결정을 믿고 은근과 끈기로 노력해야 합니다.

돈이 부족할 경우 신용이 담보가 될 수 있다는 것도 어렴풋이 느낄 수 있었습니다.

코로나19로 집콕 생활을 해야 했던 시기에 새 아파트에서 살 수 있게 된 것을 얼마나 감사하게 생각했는지 모릅니다. 하수구에서 눈알이 번들번들한 커다란 쥐가 철망을 뚫고 나오려고 안간힘을 쓰던 모습과 녹물이 나오던 오래된 아파트 1층에서 벗어나 햇살 머금은 거실에서 반려식물과 함께하는 시간은 경제적으로 받는 스트레스를 해소하고도 남는 감사한 행복임이 분명했습니다.

새 아파트에 입주한 지 8년 정도 되니 '수도권 아파트 사기 프로젝트' 노트 앞장이 떨어질 정도로 헤져 있어 남루하지만 제겐 훈장이나 마찬가지인 소중한 흔적입니다.

다시 금리는 고공행진을 하고 있고 미분양 아파트가 속출하고 있다는 기사를 쉽게 볼 수 있는 어수선한 부동산 전망이지만 집이 꼭 필요한 사람에게는 위기가 기회일 수도 있다는 생각이 듭니다.

분명한 것은 간절히 두드리면 열린다는 소중하고 감사한 경험이 있습니다.

이제 거실과 복도 일부만 은행에서 찾아오면 완전한 우리 집이 된다고 생각하니, 202*년쯤이면 한시름 내려놓고 다시 무엇인가 건설적인 계획을 세울 수 있을 것 같습니다.

햇볕 좋은 넓은 거실에서 반려식물과 함께하며 책 한 권 쓰기 버킷리스트를 세 권을 넘어 네 권째 쓰고 있으니 무리해서 새 아파트와 인연 맺은 덕을 톡톡히 보고 있다는 생각과 함께 더욱 감사하고 더욱 겸손한 삶을 살아야 한다는 다짐도 반복하고 있는 중입니다.

서민이 돈을 모아서 정상적인 방법으로 집을 산다는 것은 결코 쉽지 않은 일이므로 경매나 미분양 아파트를 조금 무리해서라도 잡는 것이 틀리지 않다고 생각합니다.

경험에 의하면 맞벌이나 외벌이 경우도 결과는 비슷합니다. 규모 있게 지출하고 무엇보다도 안 쓰는 것이 버는 것이라는 것도 기록을 통해 터득했습니다.

얻는 것이 있으면 반드시 잃는 것이 있다는 논리에 충실하게 따르다 보면 잃는 것이 있으면 반드시 얻는 것도 있으니 크게 걱정하고 미리 스트레스받을 필요는 없다고 봅니다.

마지막으로 행복의 가치를 어디에 두느냐에 따라 집을 살 것인가 말 것인가, 빨리 또는 천천히 결정하면 될 것이고, 생각이나 능력은 변하는 것인 만큼 더 좋은 결정을 할 수 있는 마음과 좋은 기회가 왔을 때 잡을 수 있는 준비된 사람으로 거듭나야 되겠다는 생각을 합니다.

자랑하는 글이 아닌 두 아들과 누군가의 중요한 보금자리 선택 순간에 조금이라도 보탬이 되었으면 하는 바람을 담아 힘들었던 경험을 공유하오니 부디 마음으로 읽어 주시고 격려해 주시면 감사하겠습니다.

순간의 선택이 10년을 좌우하는 것이 아니라 평생을 좌우하는 매우 중요한 것임을 깨달았기에, 앞으로 모든 순간에 더 좋은 선택을 할 수 있도록 사회에서 배우고 또 배울 것입니다.

윤회

꽃 피고
열매 맺혀
익은
오렌지 재스민 씨앗이
싹 터 자라
다시 꽃을 피웠습니다.

말라버린 빈 화분 그 자리
싹튼 한 포기 조심조심 올렸더니
씩씩하게 자라나
기특한 한 송이 활짝 피어

사회에서 배우다

웃음선물 잠깐 주고 다시 가버린 자리에
어느새 또 한 송이 향기로 채웁니다.

새하얀 웃음에 이끌려
코를 들이대 킁킁거리면서
여리디여린 꽃잎 눈으로 보듬으며
손주 키우는 맛이 이럴까
선 넘는 생각에 고개 흔들다가
늘 신비함 속 삶에 감사한 오늘입니다.

새
버킷리스트

더 좋은 나날들을 위해 무엇을 하면 행복할까 스스로에게 질문
했습니다.

위드코로나를 벗어나 예전처럼 사람들 속에서 맘껏 숨을 쉴 수
있었으면 좋겠습니다.
온 가족이 함께 모여 북적대며 건강하게 살았으면 좋겠고
〈배우다 시리즈〉가 뭇사람들의 관심과 사랑을 받았으면 좋겠습
니다.

한 달 동안 집 떠나 어디서든 살아 보기
나누고 싶은 사람들과 부담 없이 맘껏 나누고 살 수 있을 정도

사회에서 배우다

로만 살았으면 좋겠고
　가장 행복한 순간에 인생 샷 가족사진 찍기

　사람을 행복하게 감동시킬 수 있는 강의로 희열 느껴 보기
　베스트셀러 드라마 소설 한 권 쓰기
　정원이 유난히 아름다운 주택에서 사계절 변화 느껴 보기

　방음장치 된 개인 연습실 갖고 맘껏 연기하고 노래, 춤, 악기 연주 등을 하는 모습 보며 즐기기
　가족과 시간에 구애받지 않고 크루즈 세계여행 다녀오기
　친한 벗과 시간에 구애받지 않고 크루즈 세계여행 다녀오기

　한 번에 서너 달씩 여행하는 삶이 일상인 건강한 노후 보내기
　마지막까지 물질적 정신적으로 베풀면서 살다 죽기
　죽기 직전에 이만하면 잘 살다 간다고 웃기

　버킷리스트 한 가지 비워 두기
　이렇게 하고 싶은 일을 정리해 보니 한 페이지도 안 되는 인생이 보입니다.

　지금도 이만하면 좋은 거지 뭘 더 욕심낼 게 있다고…….
　자고 싶을 때 자고, 먹고 싶을 때 먹고, 놀고 싶을 때 놀 수 있는 지금이 가장 행복하다고 생각해 보지만 위로일 뿐, 몸도 마음도

머리도 빨리 인식하고 느껴야만 만족할 수 있을 것입니다.

　엄밀하게 말하자면 현재에 만족할 수 없었기에 더 좋은 나날을 위해 생각했을 것입니다.
　현재 행복하더라도 더 좋은 날을 위한 기대심리는 삶에 윤활유 역할을 할 수 있을 것입니다.
　좀 더 경제적 풍요로움이 채워지면 현실에 만족하고 행복하다고 느낄 수 있는 확률이 높아질 것입니다.
　한 줄 한 줄 하고 싶은 일들을 써보니 버킷리스트를 실현하기 위해서도 경제적 풍요로움은 필수라는 생각이 듭니다.

　더 좋은 나날들을 위해 버킷리스트 작성도 좋지만 가장 먼저 제가 변해야 할 점은 돈에 대한 가치관을 바꾸어야 한다는 결론에 이릅니다.
　옳고 그름을 떠나 마음이 가난한 사람들로부터 귀동냥으로 배운 경제교육은 인생에 도움이 되지 않으니 이제부터라도 좀 더 돈을 소중히 다루어야겠습니다.

사회에서 배우다

수능
마음 달력

보통사람인 수험생과 학부모 마음을 월별로 정리해 보았습니다.

1월

수험생은 가장 원대한 꿈을 꾸는 달.
부모는 희망이 있어 가슴 부푼 달.

2월

수험생과 부모 모두 마음의 여유를 갖고 힘껏 달리는 달.
부모와 수험생 모두 신이나 부모님을 찾는 정성과 노력이 모처럼 일치하는 달.

3월

수험생은 교육청 주관 전국연합학력평가, 일명 3월 모의고사 성적표 한 장으로 희비가 교차하는 달.

부모 마음 너는 공부를 해라, 나는 떡을 썰 테니.

4월

수험생은 더 높은 곳을 향해 달리거나 꿈이 부서지고 낮아지고 잠 쏟아지는 잔인한 달.

인터넷 강의, 학원비, 문제집 구매 등 교육비 지출금과 비례해 쓴 만큼 부모 위안받는 달.

5월

수험생은 대학생만 봐도 부러운 달.

부모는 아직도 현실을 직시하지 못하고 꿈을 좇아가는 달.

6월

수험생은 평가원 대학수학능력시험 6월 모의평가 성적표로 목표 대학이 예상되는 달.

부모 기대치는 아직도 꿈과 희망을 버리지 못하는 달.

7월

수험생과 부모 서서히 지쳐 가는 달.

보양식 보약 영양제 등을 찾는 달.

사회에서 배우다

8월

수험생은 수시지원 대학 결정 위해 더위, 잠, 피곤, 성적과 싸우는 달.

부모는 수험생 눈치 보는 달.

9월

수험생은 평가원 대학수학능력시험 9월 모의평가 성적표 한 장으로 예상입학 대학 결정되는 달.

부모는 반수생·재수생 유입으로 수능 등급 올라가기 힘든 현실을 인정하지 못하고 좌절하거나 수험생 달달 볶는 달.

10월

관심만큼 잘 먹이니 수험생 살찌는 달.

부모 마음 수척해지는 달.

11월

수험생 전쟁터에 나가는 달.

부모 신께 매달리는 달.

12월

수험생은 종이 한 장으로 대학교 진학, 사회 진출, 재수 등 1년 또는 평생 삶이 결정되는 달.

부모 성적표 한 장으로 인생을 저울질하는 달.

이렇게 대학수학능력시험은 대학에 입학해서 수학할 수 있는 능력 여부를 평가하는 시험이 아닌 인생의 방향이나 삶의 질을 저하시키는 시험임이 분명합니다.

수험생이나 학부모 모두 행복하다는 생각보다는 이 시간이 빨리 지나가길 바라는 마음이 더 큽니다.

그러니 대학교 입학 후 수학할 수 있는 자질을 판가름할 수 있는 시험으로 거듭나기 위한 장기적인 선행연구가 이루어진 후에 반드시 대입제도 개선이 필요하다는 생각입니다.

사회에서 배우다

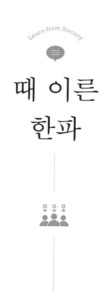

때 이른
한파

지구온난화로 한겨울도 별로 춥지 않기에, 싹을 틔워 자란 중지 손가락 길이부터 한 뼘 정도 되는 작은 식물 화분만 거실에 들여 놓고, 올해부터는 베란다에서 식물들을 월동시키기로 결정했습니다.

가는 날이 장날이라고 올해는 때 이른 한파로 12월 중순부터 보일러를 틀지 않으면 안방에서 한기를 느낄 정도니 벌써부터 마음이 편치 않습니다.

어젯밤 베란다는 한기가 느껴지기에 온도 차이를 고려해 나머지 식물들은 베란다 내벽 창문 쪽으로 옮겨 놓고, 안방 온도를 올린 후 창문을 활짝 열어 따뜻한 공기를 순환시켰습니다.

이상기온 겨울 첫추위 한파에 베란다에서 차가운 황소바람이 어찌나 많이 들어오던지 침대 이불을 잠시 뒤집어쓰고 있어야 하는 웃지 못할 일이 벌어졌습니다.

베란다 외벽 창문에는 성에가 물이 되어 줄줄 흐르고 있어 밤새 꽝꽝 얼어붙을 것을 생각하니 마음이 먼저 꽁꽁 얼어드는 느낌이라, 베란다에 촛불이라도 켜줘야 하나 고민되면서 많은 생각들이 몰려왔습니다.

식물을 키움으로써 가습기나 공기정화기를 틀지 않아도 되고, 에어컨도 자주 켜지 않게 되었고 한겨울에도 식물에게 적당한 온도 유지를 위해 보일러도 적당한 온도에서 작동 중지시키면서 나름 지구온난화 방지에 기여하는 것이라고 결부시키며 살고 있었는데, 베란다 온도를 높이기 위해 안방 온도를 올려야 하니 다시 고려해 봐야 할 문제점이 나타난 것입니다.

한파에 베란다 식물이 얼까 봐 조바심 내는 것보다, 추운 겨울을 맘껏 즐기고 '추위야 올 테면 와 봐라.' 식의 겨울나기가 훨씬 수월하고 맘 편할 것 같습니다.

내일부터는 다시 추위가 풀어진다고 하지만 아무래도 한파가 올 때마다 마음 졸이지 않으려면, 번거롭고 거실 생활공간이 좁아지더라도 화분을 들여놓는 것이 현명한 판단이 될 듯합니다.

현명한 판단이라고 생각되면 평소처럼 즉시 화분을 거실로 옮

사회에서 배우다

겨야겠지만 다시 망설이게 됩니다. 추운 밤이 지나고 커튼을 젖히니 햇살이 비치는 베란다는 다시 온기와 생기가 느껴집니다.

다시 겨울 베란다에서 식물이 얼어 죽지 않을 만한 이유를 찾아내려고 짧은 지식을 동원해 봅니다.

11월에 깨끗하게 청소하고 말린 베란다 벽에 벌써 거뭇거뭇한 곰팡이가 올라오고 있는 걸 보니 식물이 견딜 수 있는 온도 유지가 될 수도 있겠구나, 곰팡이가 산다는 것은 습도가 높다는 증거이고 겨울이라 평소보다 물을 적게 주었음에도 불구하고 베란다 습도가 높은 이유는 안과 밖의 찬 공기와 더운 공기 영향도 있겠지만 식물의 증산작용도 다소 영향이 있을 수 있겠다는 생각에 이릅니다.

혹시 식물이 증산 작용할 때 열에너지를 공기 중으로 배출할지도 몰라, 모래는 빨리 식고 물은 천천히 식는 원리와 같다면 창문에 뿌옇게 김이 서려 있으면 수막이 형성돼 안의 따뜻한 공기를 밖으로 천천히 빼앗기게 될 수도 있을 것 같아, 등등 꼬리에 꼬리를 물고 유추해 보는 시간도 제법 재미있습니다.

과학적 지식을 활용한 직감이 매번 맞았으니 이번에도 틀리지 않을 것이라 믿고 드디어 식물을 베란다에 그대로 두기로 결정했습니다.

이렇게 지구온난화로 인한 첫추위 한파를 맞으며 평생 식물과 함께 행복할 수 있는 방법을 찾아보고 있는 중입니다. 아이들도 온실 속의 화초로 기르고 싶지 않았던 것처럼 식물들도 추운 겨울을 이겨내는 방법을 스스로 터득하고 적응해 가길 바란다면 어리석은 선택일지도 모릅니다.

식물이 얼어 죽는 아픈 경험을 후회하는 날이 올지도 모르지만 일단 직감을 믿고 기다려 볼 생각입니다. 점점 커지고 무거워지는 화분을 해마다 들여오고 내놓고를 반복하기가 해가 갈수록 힘들어질 것이므로 한겨울을 베란다에서 잘 견딜 수 있는 식물들로 키워야겠다는 생각이 듭니다.

올겨울 베란다에서 식물들이 강추위를 잘 견뎌내야 극락조 꽃도 다시 필 테고, 매년 다가올 겨울이 어수선하고 번거롭지 않을 테니 기다림의 가치는 충분하다고 봅니다.

이렇게 식물에 관심이 많다 보니 사회에서 보고 느끼는 현상에서도 어쩔 수 없이 식물 이야기로 돌아가게 됩니다.

이젠 실내에서 마스크 쓰지 않아도 되는지 여부를 정부에서 판단하고 있는 중이고, 식물에 대한 궁금증도 많이 풀려 어느 정도 이해할 수 있게 되었으니, 반려식물에 쏟던 관심과 사랑을 밖으로 돌려야 할 때가 온 것 같습니다.

겨울 첫 한파가 식물은 물론 제 정신도 번쩍 차리게 해줍니다. 이젠 집 밖으로 나가 정신이 번쩍 들도록 찬 공기를 힘껏 들이마셔야겠습니다. 만나는 사람들과 소원했던 거리만큼 그동안의 공

사회에서 배우다

백을 메꿔야겠습니다.

서로 얼굴 익히던 중에 마스크 쓰고 훌쩍 커버린 위층 아이들에게도 꽃피우는 말을 건네야겠습니다.

이렇게 이상기온인, 때 이른 한파도 지구온난화가 원인이라고 하니 식물을 키우면서 지구온난화 주범이 되고 싶지는 않습니다. 실제 지구온난화의 주범은 메탄이지만 이산화탄소도 6대 온실가스 중 하나이기 때문입니다.

반려동물이 아닌 반려식물을 키우는 이유도 물을 주면서 식물이 어서 물과 이산화탄소를 많이 빨아들여 향기를 포함한 신선한 산소를 많이 배출해 주길 바라는, 지구온난화 방지에 조금이라도 보탬이 되었으면 좋겠다는 생각이 앞서기 때문입니다.

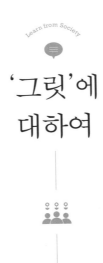

'그릿'에
대하여

요즘 젊은이들 사이에서 '그릿'이라는 말이 자주 나옵니다.

소위 말하는 3포 시대에 엄청 반가운 사회 분위기이자 현상이라고 생각합니다.

포기, 욜로, 달콤함, 쉬운 길로만 가려는 줄 알았던 젊은이들이 그릿, 즉 열정적인 끈기라는 마음 근육으로 무장하고 있다면 벌써 성공의 길에 들어선 것이나 다름없기 때문입니다.

쉽게 표현하자면 성공하기 위해선 열정과 함께 노력의 꾸준함에 기반한다는 '그릿'이 장착되어야만 한다는 것인데, 이미 우리 민족에게는 은근과 끈기라는 아주 탄탄한 열정적 '그릿'이 유전인자 속에 녹아 있기 때문에, 빨리 자신의 유전인자 속에 좋은 그릿이 내재되어 있다는 것을 알아차리는 과정이 목표설정보다 우선적으로 선행되어야 할 것으로 생각됩니다.

과거 길고 긴 전쟁의 역사 속에서, 모진 핍박과 고통 속에서도 견뎌내고 살아남은 민족이 한국인이며, 살아남았음에 안주하지 않고 살아남아 뒤늦게 배우고 시작했음에도 불구하고 각 분야에서 성공적인 삶을 살고 있으며, 몇몇 분야에서는 세계를 리드하며 살고 있는 민족이 한국인인 것입니다.

뼈에 사무친 '한'이라는 것도 노래로 승화시키는 민족이 한국인이며 힘든 노동도 노래로 승화시켜 서로를 위로하고 격려하는 민족이 한국인입니다. 아픔과 고통도 익살스럽게 풍자하고 웃음과 놀이, 축제로 승화시키는 민족이 한국인입니다.

그러니 별도로 그릿을 키우기 위해 노력할 필요 없이 유전인자 속에 녹아 있는 그릿만으로도 충분히, 한국인이라면 밥 먹듯이 잠자듯이 자연스럽게 은근과 끈기로 무엇이든 이겨내고 목표달성을 할 수 있으며 성공할 수 있다는 가설을 세울 수 있는 것입니다.

우리 할아버지, 할머니, 어머니, 아버지께서 은근과 끈기로 살아오셨듯이, 그래서 지금의 복지국가 대한민국을 짧은 시간 내에 성공적으로 만들 수 있었듯이, 지금의 젊은이들은 기성세대가 미처 이루지 못한, 또는 방치한 사회 구석구석 부족한 부분을 채우고, 질적 향상을 위한 방향을 모색하며, 보다 원대한 목표가 세계나 미래를 향했으면 좋겠다는 생각도 해봅니다.

이렇게 한국인의 유전인자 속에 참고 견디는 열정적이고 좋은 그릿을 보유하고 있기에. 다만 성공하고 싶다는 뚜렷한 목표 의식과 간절함만 있다면, 우리 젊은이들도 원하는 곳에 취업도 하고 결혼과 출산 등 포기 없이, 보다 좋은 삶의 질을 추구하며 행복한 삶, 성공적인 삶을 누릴 수 있다는 아주 희망적인 결론에 도달하게 됩니다.

젊은이들이여!
지금은 자신의 내면에 있는 '그릿'을 표출할 때입니다. 잠자고 있는 '그릿'을 어서 깨우시기 바랍니다.
젊음은 무엇이든 집어삼킬 수 있는 뜨거운 열정이 동반됩니다. 그 뜨거운 열정으로 목표를 향해 꾸준히 달려가시기 바랍니다.

젊은이들이여!
그대들에게는 인간세대 그 누구도 흉내 내지 못할 뜨거운 피가 흐르고 있습니다. 가만히 있어도 끓어오르는 주체할 수 없는 뜨거운 열정이 있습니다.
지금은 그 뜨거운 열정을 그릿과 함께 발산할 때입니다.

사회에서 배우다

자신의 잠재력을 믿고 어서 도전해 보시기 바랍니다.

자신을 믿고 앞으로, 앞으로 나아가시기 바랍니다.

자신을 믿고 세계로, 미래로 뻗어 나가시기 바랍니다.

뮤지컬 영화
〈영웅〉에서

코로나19 장기전으로 공연계도 직격타를 받으면서 2020년 1월에 마스크 쓰고 뮤지컬공연을 마지막으로 본 경험이 있으나, 2022년 위드코로나를 선언한 이후 이제 공연계도 여기저기서 들썩들썩 분주한 느낌이 들고 간간이 들려오는 공연 소식이 반갑습니다.

꾸준히 사랑을 받아온 2009년 초연된 뮤지컬 〈영웅〉이 영화와 뮤지컬로 개봉되어 상영 중이고 공연 중인 오늘은 2022년 12월 크리스마스이브입니다.

2022년 무대에 올린 〈영웅〉 뮤지컬은 공연장에서 가수의 호흡을 피부로 느끼고 싶었지만 오케스트라에 맞춰 연습하는 시츠프

로브 풀버전 유튜브 중계를 텔레비전과 연결해 보는 것으로 대신하고, 연말에는 〈아바타: 물의 길〉을 보면서 가족 결속력을 강화하고, 새해맞이 영화로 〈영웅〉을 보면서 또 한 해를 의미 있게 시작하기로 의견을 모았습니다.

이렇게 〈영웅〉이 뮤지컬과 영화로 만들어지도록 장기간 대중에게 사랑받는 이유를 생각해 보았습니다.

세계 각국에 수많은 독립운동가가 있지만, 그중에서도 항일의병장이며 정치가인 안중근이 존경받는 이유는 조국의 독립과 대한민국 평화를 뛰어넘어 동양평화를 염원하는 큰 뜻을 품었기 때문입니다.

널리 인간을 이롭게 하는 홍익인간이라는 고귀한 뜻이 우리들에게 충분히 전달되고 깊은 의도가 이해되었다고 생각됩니다.

이것은 단군신화의 홍익인간 이념과 맥락을 같이 하며, 그 숭고한 정신이 대한 독립 운동으로 이어져 지금까지도 국민들 마음속에 살아 있기 때문입니다.

드디어 2023년 1월 1일 12시, 영화 스크린을 통해 우리는 눈 쌓인 만주벌판을 달려 자작나무 숲에 앉아 단지동맹을 함께 지켜보는 증인이 된 애국자가 되었습니다.

처음부터 끝까지 기도하는 마음으로 독립운동 영웅들을 만나 영웅들과 함께 나라 사랑의 길을 재확인했습니다.

이미 제 마음속에는 우리 사회의 모든 청춘들이 또 다른 영웅으로 거듭날 수 있으리라는 소망을 품었으며, 제 곁에 앉아 있는 두 아들도 사회 속에서 제 역할을 톡톡히 해낼 수 있는 작은 영웅이 되어 있었습니다.

"장부가 세상에 태어나 큰 뜻을 품었으니……"

"하늘이시여 도와주소서 우리 뜻 이루도록."
"하늘이시여 지켜주소서 우리 꿈 이루도록."

아들이 수없이 불러 무심코 흥얼거릴 정도로 익숙한 장부가였지만, 마지막 장면 주인공이 부른 장부가에서 강렬하고 짜릿한 전율과 함께 무어라 형언할 수 없는 쾌감을 느꼈고 우리는 아무 말 없이 한참을 그 자리에 앉아 있었습니다.

그 순간 각자 자신의 뜻을 굳건히 했으리라 봅니다.
뜻을 바르게 세워 열정적 노력으로 도전한다면 그 꿈은 반드시 이룰 수 있을 것이라는 장부의 기개를 온전히 자신의 것으로 만들어 품었으리라 기대합니다.

새해에는 수많은 작은 영웅들을 만나기 위해 좀 더 많은 발품을 팔아야겠습니다. 많이 늦은 감이 있지만 지금이라도 버킷리스트를 재정비하기 위해 다이어리를 새로 마련해야겠습니다.
아마도 첫 번째 제 영웅은 제 눈을 사로잡고 저를 만족시킬 수

사회에서 배우다

있는 다이어리를 계획, 구성하고 디자인해서 지갑을 열게 만들, 마케팅에 성공하신 분이 될 것 같습니다.

영화 속 주인공을 포함한 등장인물 모두가 영웅이었듯이, 널리 인간을 이롭게 하는 홍익인간의 이념을 지닌 우리 민족이야말로 서로를 작은 영웅으로 만들어 줄 수 있는 엄청난 유전인자를 포함하고 있다고 해도 과언이 아닌 듯합니다.

그러니 청소년들이 '그릿'을 만들기 위해 애써 노력하지 않아도 이미 보유하고 있는 그릿 유전자를 활용해 누구나 쉽게 작은 영웅들이 될 수 있음을 생각하게 만듭니다.

이런 것이 영화의 매력적인 힘임을 새삼스럽게 영화관에서 배울 수 있었던 더욱 감사한 새해 첫날이었습니다.

눈에 보이는 것이
전부입니다

저는 매번 눈에 보이는 것이 전부가 아니라고 생각하며 살아왔습니다.

그래서 눈에 보이지 않는 그 무엇인가를 놓치지 않으려고, 눈에 보이지 않는 그 무엇인가를 찾으려고 노력하며 살아왔습니다.

그 결과 큰 실패 없이 무난하게 여기까지 오게 되었지만 그렇다고 해서 커다란 성공을 이룬 것도 아닙니다.

그저 소소한 목표 달성에 만족하며 살아왔던 것입니다.

그러다가 눈에 보이지 않던 것들이 조금씩 보이기 시작했고, 시간이 흘러 모르던 것이나 미처 인지하지 못하고 있던 것들을 하나하나 알아 가게 되었습니다.

사회에서 배우다

눈에 보이지 않는 그 무엇인가가 보이기 시작한 것은 사물에 대한 꾸준한 관심을 두었기 때문에 가능한 일이었습니다.

추가 설명하자면 어떠한 사물에 대해서 열정을 갖고 꾸준히 지켜보고 관심을 가졌더니 어느 날 갑자기 머리가 맑아지면서 몰랐던 것을 알게 되더라는 것입니다.

식물을 예로 들자면 늘 그 자리에 있던 식물이지만 어느 날 갑자기 새로 돋아나는 어린잎이 햇빛에 반짝이는 모습이 너무 곱고 아름답다는 생각이 들었습니다.

그 후 매일 바라봐 주고 물도 주며 예전보다 관심과 사랑을 쏟게 되었습니다.

식물에 대한 관심이 높아지자 화원에서 하던 분갈이도 집에서 손수 하게 되는 식물에 대한 열정이 생겼고, 이러한 시간들이 반복적으로 11년 정도 흘러갔습니다.

이젠 감각적인 느낌으로 그동안 모르고 있었던 쉬운 원예지식을 책을 통하지 않더라도 저절로 알게 되었고, 뒤죽박죽이던 식물에 대한 지식이 어느 정도 정돈된 느낌이 들었습니다.

잎의 상태나 화분 속 흙 높낮이만 보더라도 흙 속에 파묻혀 보이지 않는 식물 뿌리 상태까지도 짐작할 수 있을 정도가 되었습니다.

이런 식의 상황이 지속적으로 유지되면서 이제는 '아는 만큼 보인다.'는 뜻을 실천적 지식으로 명확히 알게 되었습니다.

이렇게 식물이 자신의 세계로 들어오면서, 관심과 사랑을 받은 식물은 반려식물이 되었고 보이지 않던 식물의 세계가 조금씩 보였으며, 이런 식으로 식물에 관한 새롭고 소소한 지식이 조금씩 쌓이게 되어 아는 만큼 식물이 보였습니다.

이렇게 시간이 흐르면서 처음 설렘으로 맞이했던 식물을 이제는 평상심으로 맞이하게 되었고, 이러한 식물에 대한 평상심은 불안했던 제 마음을 평온하게 만들었습니다.

식물에 대해 새롭게 알아 가는 과정이 자신에 대해서도 알아 가는 과정, 자신을 파악하는 과정이 되었던 것입니다.

식물에 대해서 아는 만큼 자신을 파악하게 되었으며, '아는 만큼 보인다.'는 결론에 이르자 문득 아는 만큼 보이는 것이 아니라 보이는 것이 전부일지도 모른다는 생각이 들었습니다.

식물은 있는 그대로 우리에게 보여주고 있는데 우리가 식물을 제대로 보지 못하는 것이고, 즉 식물은 보이는 것이 전부인데 우리가 마음의 문을 닫고 못 보는 것일 수도 있겠다는 생각이 들었습니다.

이렇게 생각이 흐르자 아는 만큼 보이는 것이나 보이는 것이 전부라는 생각과, 보이는 것이 전부가 아니라는 생각은 서로 일맥상통하는 부분이 있다는 생각이 들었습니다.

어찌 되었든 간에 반려식물에 대해 조금 알게 되었고, 식물에 대해 아는 만큼 자신을 알게 되어 마음의 안정을 찾게 되었고, 또 다시 앞으로 살아나갈 방향에 대한 자신감을 찾게 되었습니다.

눈에 보이는 것이 전부가 아니라고 했다가 지금은 눈에 보이는 것이 전부라고 하니 내 마음 갈대요 마음공부 헛공부했나 싶을 수도 있겠지만, 중요한 것은 지금 현재 이 순간의 흔들림 없는 긍정도 부정도 아닌 마음 상태라 생각됩니다.

반려식물을 통해 보이는 것이 전부라는 생각에 이르게 되었으니, 이제 눈만 크게 뜨고 살아가면 되겠다는 단순한 논리와 단순한 자신감으로 무장하니 무서울 것이 없습니다.
"눈에 보이는 것이 전부입니다."

오늘 아침 하늘이 잿빛이더라도 태양이 떠있다는 것을 우리는 이미 알고 있습니다.
태양은 매년 늘 그 시간 그 위에서 빛나고 있는데 오늘은 구름에 가려서 또는 미세먼지에 가려서 푸른빛을 잃고 잿빛이 되어 있다는 것을 하늘을 바라본 반복적인 학습에 의해서 알고 있습니다.

바람에 의해 구름이 흘러가는 속도만 봐도 언제쯤 햇살이 다시 비출 것인가를 가늠할 수 있고, 더 나아가 미세먼지로 인한 호흡기 질병도 예상되고 예방할 수 있다는 연구의 필요성이나 목적도 생기게 되는 것입니다.

여기서 만일 공전이나 자전 등 지구과학에 대한 명확한 학습이 병행되어 있다면 하늘빛에 대한 눈에 보이는 것이 전부라는 가설은 더욱 힘을 싣게 될 것입니다.

이렇게 식물이나 하늘빛 경우처럼 아는 만큼 보인다는 것을 쉽게 이해할 수 있으며, 보이지 않는 것까지 생각해 내고 챙기는 과정이 반복됨으로써 자신감이 축적되다 보면 보이는 것이 전부라는 아주 위험한 생각에까지 이르게 됩니다.

보이는 것이 전부라는 생각은 어쩌면 어떤 한 분야에서 깨달음의 경지에 이르러야만 가능할 정도로, 정확하게 있는 그대로를 바라봐 줄 수 있는 바른 안목을 갖춘 사람들만이 아주 잠깐씩 느낄 수 있는 것일 수도 있습니다.

우리가 어떤 사물이나 대상에서 아는 만큼 보이고 눈에 보이는 것이 전부가 되려면, 반대로 그 물질이나 대상에게 꾸준한 관심과 사랑, 노력 등이 매우 오랫동안 선행되어 앎이 숙성되어 성숙되어야 함은 명백한 사실입니다.

이렇게 주저리주저리 길게 써내려가는 이유는 눈에 보이는 것이 전부가 아니거나 눈에 보이는 것이 전부라는 사실은 그리 중요하지 않다는 것입니다.

사회에서 배우다

다만 안다는 것은 결국 모르는 것에서부터 시작되고 물음표로 부터 출발하는 것이기에 빨리 타인이 아닌 자신부터 알아 갔으면 좋겠다는 마음이 앞서 분주하게 키보드를 누릅니다.

'나'라는 자신을 알기 위해선 먼저 인류에 대해서 알아 가는 작업이 필요합니다.

그렇다고 해서 오스트랄로피테쿠스까지 내려갈 필요는 없더라도 생각하는 인간인 호모사피엔스 정도는 알아보고, 한국인의 정체성이나 민족성 정도는 파악하고 있어야만 한다는 판단입니다.

그래야만 한국인에게 내재되어 있고 한국인의 성공 열쇠인 '은근과 끈기의 한'으로 연결된 열정적 '그릿'을 자연스럽게 '나'로부터, '우리'로부터 끄집어낼 수 있을 것이니 말입니다.

청소년이여!
대한민국, 이 땅에 사시는 모든 분들이시여!
열정적 그릿만큼은 눈에 보이는 것이 전부인 듯합니다.
열정적 그릿만큼은 눈에 보이는 것이 전부라고 생각합니다.

은근과 끈기로 뭉친 열정적 '그릿'만큼은 대한민국에 사는 한국인이 최고라고 생각됩니다.

지금 당장 "내재된 그릿의 자신감으로 목표를 향해 전진하시기 바랍니다!"

Learn from Society

모든 것들은
변합니다

모든 것들은 변합니다.

자연이 변하고, 천체도 변하고, 땅속도 변하고, 우리들 마음이나 생각도 변합니다.

다만 변하지 않는 것이 있다면 진실이라고 믿었었는데 진실마저도 허망하지 않을 뿐 인간 사회에서는 왜곡되고 변한다는 슬픈 사실을 알아 버렸습니다.

그래도 변해야 살고, 변해야 발전이 있고, 변해야 우리들이 편합니다.

모든 것들이 변하는 것은 진리입니다.

변화를 느낄 수 있는 가장 쉬운 방법은 사계절의 변화를 관찰

하는 것입니다.

새싹이 돋고 자라 단풍이 들고 낙엽이 되는 순환 과정에서 우리는 새싹이 없어지는 것이 아니고 자라는 것이며 단풍은 잎 색깔이 변한 것일 뿐이고 낙엽은 잎이 없어지는 것이 아니라 유기물로 변화하는 과정 일부라는 것을 알 수 있습니다.

변화에 대해 더욱 피부로 느낄 수 있는 방법은 우리들의 생각과 겉모습입니다.

먼저 깨달음의 경지에 이르신 선각자들께서 생각은 생각일 뿐 '나'가 아니라고들 하시니, 생각한 것에 실천력을 더해서 생각을 완전한 내 것으로 만드는 과정은 노력과 시간을 투자해야 하는 것이니만큼 밀쳐 두고라도, 10년 전의 생각과 지금의 생각은 많은 변화를 거쳐 한결 다듬어진 느낌이 듭니다.

10년 전 살던 곳과 지금 사는 곳은 많은 차이가 있고, 우리 사회는 분명 변했습니다.

우리들 몸은 분명 예전과 다르며 50대 후반부터는 노화라는 이름의 분명하고 부정적인 면으로 다양한 변화를 경험하게 됩니다. 촉촉하던 피부는 거칠어지고 윤기가 흐르던 피부는 탄력을 잃어 인위적으로 중력을 거스르게 만듭니다.

반면 누군가를 이해하고 감쌀 수 있는 긍정적인 마음의 변화는 더욱 깊고 그윽해졌습니다.

이렇게 사회의 구성원인 우리들도 변하고, 유행이나 문화도 변하는데 변치 않는 것이 있다면 국회의원들의 비방이 난무하는 선거 전략이나 정치판의 정치싸움 공세입니다.

선거권을 가지고 있는 국민들의 생각이나 삶의 수준은 높아졌는데, 다시 말하면 국민들의 정치 수준은 높아져 긍정적인 변화를 하고 있는데, 몇몇 정치인들의 모습은 정치가라고 전문적 용어를 붙이기에는 낯이 붉어질 정도로, 국민들을 슬프게 만들 지경입니다.

국민들의 수준이 높아지고, 국민들의 안목이 높아졌다면 정치인들의 수준도 끌어올려야 하는 것이 당연한 이치라고 생각합니다.

국회에서나 앞으로의 모든 선거에서는 수준 높은 긍정적 변화를 국민의 한 사람으로서 기대해 보겠습니다.

모든 것들이 변하는 것은 진리입니다.

이 사회의 긍정적인 변화 또는 국가의 긍정적 변화를 위해서라면 자신을 위한 정치가 아닌 국민을 진정으로 사랑하는 수준 높은 정치가들이 많이 나와야 할 것입니다.

특히 국회의원들이 국민을 위한 정치가 아닌 정치를 위한 정치를 계속한다면 수준 높아진 국민들이 더 이상 바라만 보지는 않을 것입니다.

국민으로부터 외면당하는 정치인이 아닌 국민들로부터 존경과 사랑을 받는 정치가들이 많이 배출되어야만 우리나라 대한민국의 미래가 더욱 빛날 것입니다.

사회에서 배우다

대한민국의 정치인들이여!

심경의 혁신적인 변화를 도모해 심신의 긍정적 변화를 일으켜, 인기인이 아닌 부디 전문적인 정치가가 되시기 바랍니다.

곧 α세대를 포함한 정치 세계에 성공적으로 진입하려면, 우리들이나 정치인 모두 α세대를 포용할 수 있는 그릇으로 마음의 긍정적 변화를 겪어야만 할 것입니다.

이렇게 세대도 변합니다.

모든 것들은 변화합니다.

모든 것들이 변화하는 것은 진리입니다.

너와 내가 변하는 것도 진리입니다.

우리 세대가 변해야 모든 것이 변할 수 있고 대한민국이 변화할 수 있습니다.

대한민국 역사가 변화한 것도 진리였듯이 앞으로도 변할 것입니다.

다만 여기서 대한민국의 긍정적 변화를 꿈꿉니다.

우리 아들딸들이 살아가야 할 곳, 우리 손주들이 살아가야 할 곳, α세대 다음 세대와 또 그다음, 다음 세대들을 위해 대한민국에 사는 우리들부터 변해야 합니다.

지금은 세계 변화의 중심에 대한민국이 우뚝 설 수 있는 초석을 다질 수 있는 변화의 시기라는 것을 인지하고, 정치인들부터 변하고 또 변화해야 할 때임을 직감합니다.

모든 것은 없어지는 것이 아니라 변화합니다.

난장판인 정치판을 바둑판으로 변화시켜 주시길 간곡히 부탁드립니다.

모든 것들이 변화하는 것은 진리입니다.

정치하는 사람 즉 인기인 정치인이 아닌 전문적인 정치가가 되시기 바랍니다.

선거권이 있는 너와 나, 우리들도 변해야 합니다.

모든 것들은 변해야 합니다.

모든 것들이 변화하는 것은 진리입니다.

변화하는 것이 진리라면, 이 세상에 태어나 진리 한번 좇다 가는 것도 멋진 일이라는 생각이 듭니다.

변화를 추구하는 멋진 삶을 산다는 것.

이 또한 온전한 나를 만들어 가는, 다시 말하면 자아를 찾을 수 있는 지름길일 것입니다.

자아를 찾고 긍정적 변화를 통해 정체성을 갖게 되고 목표 도달 성공 또는 신념을 통해, 급변하는 사회 속에서 차고 넘치지도 않는 늘 그러한 평온 또는 평상심 유지라는 마음공부 경지를 조금이나마 맛볼 수 있을지도 모릅니다.

"모든 것들이 변화하는 것은 진리입니다. 변해야 합니다."

사회에서 배우다

감사하는
마음

　삶을 꽃피우는 말 중에 가장 으뜸인 것은 아주 평범한 말 "감사합니다."인 것 같습니다.

　우리가 태어나서 엄마, 아빠, 맘마라는 낱말을 배우고 나서, 인간관계나 사회생활에 필요한 말로 가장 먼저 배우는 말이 어쩌면 "감사합니다.", "고맙습니다."일지도 모릅니다.

　이렇게 태어나면서부터 무의식적으로 배운 말이기에 너무나 당연하다고 생각되어 "감사합니다."를 놓치고 사는지도 모르겠습니다.

　"감사합니다."라는 말을 사용하는 경우는 "감사합니다."라는 말을 하는 그 순간에 이미 좋은 일이 일어나고 있다는 것을 느낄 수 있을 것이며, 누구나 경험상 알 수 있을 것입니다.

누군가는 혼자서 마음속으로 신께 감사드리고 있을 것이며, 누군가는 상대에게 또는 수많은 관중들께 감사드리고 있는 중일 것입니다.

이처럼 "감사합니다."라는 말 앞에는 반드시 좋은 일이 있다는 것을 쉽게 알 수 있습니다.

이 글을 쓰고 있는 지금 이 순간 저는 좋은 소식을 기다리며 앞으로 일어날 좋은 일들을 머릿속에 그리면서 모든 순간을 기도하는 마음으로 감사의 글을 쓰고 있습니다.

그러니 당연히 좋은 소식은 제게 올 것이며 앞으로도 좋은 일이 많이 일어날 것이라는 좋은 예감이 드는 것입니다.

주변의 모든 소소하고 평범한 일상에 감사할 줄 알아야 감사할 일이 많이 일어난다고 생각합니다.

작은 것에도 감사할 줄 아는 사람은 상대를 배려하고 위하는 마음이 상승해, 감사받을 일을 자연스럽게 만들게 되어 더불어 감사한 일에 노출될 수밖에 없는 감사환경구조를 갖추고 있다는 것을 우리는 알아야겠습니다.

기본적으로 감사한 마음으로 살아가는 사람은 불만이 있을 수 없으므로 긍정적인 자아를 갖추게 되어 모든 관계 형성을 원만히 만들게 되며, 좋은 관계 형성은 좋은 일들이 자연스럽게 일어날

사회에서 배우다

수 있는 확률이 높다는 것을 알 수 있습니다.

가장 기본적이면서도 쉬운 말이지만 자주 사용하지 못하는 이유는 간단합니다.

똥오줌도 가리지 못하는 아기 때부터 우리는 모유나 분유, 기저귀, 이유식 등을 무조건적으로 받아들이는 것부터 익숙해졌기 때문입니다.

가족의 정성이 깃든 생필품이나 마음을 받아들이는 것을 당연하게 생각하는 것이 습관화되었기에 "감사합니다."라는 말을 하는 것이 쑥스러웠는지도 모릅니다.

가족이라는 아름다운 이름의 굴레를 만들어 혹시 가족의 정성이나 노력, 물질 등을 구속하고 착취하지는 않았는지 우리는 반성해 볼 필요가 있습니다.

다재다능하고 인간성 좋은 방송인 박○홍이 나르시시스트 가족들에게 이용당하고 결국은 배척당하는 모습을 지켜보면서 무척 안타깝고 응원해 주고 싶었습니다.

아마도 몇몇 사람들이 자신도 정도의 차이는 있으나 유사한 경험의 당사자라는 인식을 했으리라 생각됩니다.

이렇게 감사한 줄 모르고 아픔과 모멸감을 주거나 받는 것을 당연시하는 인간들의 말로는 불 보듯 뻔한 결과를 가져온다는 것을 여러 사람들로부터 봐왔기에, 왜 감사하면서 살아야 하는지에 대한 삶의 태도가 더욱 명확해졌습니다.

지금의 불행원인이 감사할 줄 모르는 마음임을 하루빨리 깨닫는다면 그들이 박○홍에게 감사함과 미안한 마음을 늦게나마 전하고 다시 마음의 평온을 누릴 수 있을 것입니다.

행복과 불행은 종이 한 장 차이처럼 양면성이 있는 것 같습니다. 마음먹기에 따라서 현저한 차이가 있는 만큼 현명한 판단이 필요합니다.

인간이면 당연히 가져야 하는 '감사한 마음'의 부재가 욕심을 낳고 불행을 끌어당기게 됩니다.

그러니 우리는 감사할 줄 알아야 합니다.

동물로 태어나지 않고 인간으로 태어난 것만으로도 감사한 일이며, 건강하게 태어난 것도 감사할 일이고 하루 세끼 먹을 수 있음에 감사하며, 학교 다닐 수 있음에 감사하고 배울 수 있음에 감사하며, 일할 수 있음에 감사해야 합니다.

부모로부터 가족으로부터 타인으로부터 받아야 할 당연한 것은 이 세상에 없습니다. 당연한 것이 있다면 받으면서 오로지 '감사한 마음'이 있어야 한다는 것입니다.

우리들이 받는 그 무엇인가는 주시는 그분들의 노력과 땀과 사랑하는 마음, 정성, 희생 등의 결과물로 주어지는 것들이므로 무조건 감사하는 마음으로 받는 것이 당연한 것입니다.

감사하는 마음의 대상에게 보답하기 위해서라도 결국 잘될 수밖에 없을 것입니다.

'감사한 마음'은 어떠한 목표를 달성하고 성공할 수 있는 행운의 열쇠와도 같은 것입니다.

'감사하는 마음'. 이것이야말로 제가 한겨울 아침 뜨듯한 거실에 앉아 햇살을 받으며 감사의 글을 쓸 수 있을 만큼 마음공부하며 살아 낸 비결이라고 할 수 있는, 삶을 꽃피우는 말입니다.

'감사한 마음'이 우울한 제 삶을 꽃피웠듯이, 이제는 누군가의 삶에 꽃이 피고 열매가 되었으면 좋겠다는 마음을 담습니다.

그래서 감사한 저와 더불어 감사한 우리 가족, 감사한 우리 사회, 더 나아가 감사한 세상을 꿈꾸면 감사한 일 많이 일어날 것이라고 믿습니다.

이렇게 감사한 마음으로 감사의 글을 쓰고 있으니 아침부터 행복한 마음이 물밀 듯 밀려옵니다. 행복한 아침을 열어 주신 신과 가족에게 진심으로 감사드립니다.

선택을
배우다

네모난 교실에서는 평생 반듯하게 살아야만 할 것 같아, 둥글둥글 원만하게도 살아 보고 싶어서, 네모 교실을 탈출해 동그라미 사회를 선택했지만 동그라미 사회 속에는 세모처럼 뾰족한 모양의 모서리 사회도 있었습니다.

이런 세모 사회에서 좌충우돌 둥글둥글 굴러다니면서 여기저기 부딪치고 인내하며 뾰족한 부분이 닳고 닳아 지금은 팔각형으로 무뎌진 듯하나, 아직도 둥근 모양이 되려면 길이 먼 것 같습니다.
아마도 20년 후쯤이면 달항아리처럼 제법 크고 둥근 마음이 되어 있으리라 기대해 봅니다.

사회에서 배우다

이렇게 여선생님은 좀 더 넓은 세상을 선택했지만 5분이던 출근 길이 1시간 넘게 소요되고 초등학생에서 대학생으로 대상만 바뀌었을 뿐 여전히 네모 속 강의실에 서있는 자신을 발견했습니다.

이처럼 지혜로운 선택이든 우매한 선택이든 간에 선택을 하고 난 후에는 선택에 대한 책임을 반드시 져야만 합니다.

지혜로운 선택이라면 천만다행이겠지만 만일 우매한 선택을 했더라도 실망하거나 망설이지 않고 빨리 차선책을 찾는 것이, 실패 요인을 줄이고 다시 지혜로운 선택의 결과로 이끄는 지름길이 될 것입니다.

선택 뒤에 남은 가지 않은 길에 대한 비교를 당하지 않기 위해 나름 고군분투한 결과, 지금은 노후의 삶이 단조롭지 않고 활동 범위가 넓어질 것이라는 희망적인 생각이 들지만 이 또한 장담할 수는 없는 일이라, 지혜로운 선택이었다는 결과물을 만들기 위해서, 지금도 매 순간 지혜로운 판단을 위해 배움의 끈을 놓지 않으려고 노력 중입니다.

다른 것은 모르겠으나 어떠한 선택에 앞서 의도가 좋으면 결과도 자연히 좋아질 것이라는 것을 경험으로 배웠습니다.

선택하는 순간에 서두르거나 욕심이 앞서면 지혜로운 선택을 할 확률이 낮아진다는 것도 이젠 느낌으로 알 수 있습니다.

좋은 선택을 위해 필요하다면 객관적인 상담도 필요하고 충분한 시간을 두고 천천히 생각해 보며, 평소 자신의 판단이 부정적 또는 긍정적 결과를 가져왔는지 여부의 반성과 성찰도 매우 중요합니다.

무엇보다도 '화'는 지혜로운 선택을 방해하는 암적 존재와 같습니다. 마음과 정신을 맑게 한 후에 선택하는 습관이 필요합니다.

욕심과 마음을 비우고 '화'가 없는 고요한 평상심에서 출발해, 너와 나 우리 모두에게 좋은 결과로 예상되는 쪽을 선택하는 편이 지혜롭고 현명한 선택의 길임을 수없이 작은 성공과 실패를 통해 분석한 결론입니다.

사회 초년생들이 부디 지혜롭고 현명한 선택으로 좀 더 정서적·경제적으로 윤택한 삶에 성큼 다가서길 바라는 마음으로 감히 제가 터득한 선택방법을 기록으로 남깁니다.

사회에서 배우다

사랑이란
무엇인가?

동서고금을 막론하고 수많은 사람들이 사랑에 울고 사랑에 웃습니다. 저자 또한 이 사랑의 굴레에서 예외일 수는 없습니다. 성공적인 멋진 사랑을 하고 싶었지만 뜻대로 되지 않는 것이 사랑이었습니다.

도대체 사랑이 뭐기에 이렇게 어려운 것일까요?

적을 알고 나를 알면 답이 보이듯이 사랑을 알면 좀 더 사랑이 수월해질 수 있을까 싶어, 사랑이란 무엇인지 정의를 내려 보려고 몇 번 시도해 보았지만, 모두가 공감할 수 있는 정의를 내리기엔 연륜이 필요하다는 생각이 들었습니다.

인간의 삶에서 사랑이라는 감정을 빼면 무미건조한 삶이 될 가능성이 높습니다. 왜냐하면 사랑은 관계에서 출발하기 때문입니다.

너와 나의 관계, 우리 관계, 가족 관계, 나와 식물의 관계, 나와 동물 관계, 나와 지구 관계 등 모든 관계유지에서 나오고 좋은 관계유지를 위해 필요한 것이 사랑이라는 생각이 듭니다.

이러한 관계를 통해 지구 사랑, 나라 사랑, 이웃 사랑, 친구 사랑, 가족사랑, 불타는 사랑, 식물 사랑, 동물 사랑 등이 형성되며, 사랑이 좋은 결실을 맺고 유지되어야만 행복이라는 감정을 자주 느낄 수 있게 되는 것입니다.

우리가 살면서 우울해지고 불행하다고 느끼는 대부분이 처음부터 관계 형성이 잘못되었거나 형성되었던 관계가 단절된 경우였음을 삶을 돌이켜 보면 쉽게 받아들일 수 있을 것입니다.

그러니 기적이나 요행을 바라지 않고 성공적인 아름다운 사랑을 하려면 관계의 첫 단추를 잘 끼워야만 합니다.

아이가 자라 성년이 되고 대학교를 졸업할 때쯤 되니, 희·노·애·락·애·오·욕에 해당하는 모든 감정들을 경험하고 느낄 수 있게 되었습니다.

이젠 사랑이 무엇인지도 알 것 같습니다. 그렇게 어렵기만 한 사랑도 이해할 수 있으니, 이제는 그렇게 되고 싶지 않았던 어른이 되어 가고 있음을 인정해야 할 때가 온 것 같아 조금은 씁쓸합니다.

사회에서 배우다

어느 정도 삶의 연륜이 쌓이니 감히 사랑을 한 문장으로 표현할 수 있을 것 같습니다.

사랑이란 주는 것이라고 생각합니다. 즉 사랑이란 주는 것입니다.

사랑이란 어떤 대상에게 좋은 것을 자꾸만 주고 싶고, 좋은 것을 보거나 먹거나 입을 때마다, 시도 때도 없이 수시로 생각나는 것이 사랑입니다.

사랑이란 '주는 것'입니다.

받는 것 보다 주는 것이 기쁠 때 이것을 사랑이라고 말하고 싶습니다.

받는 것보다 주는 것이 행복하면 사랑에 빠진 것입니다.

모유를 주고, 우선적으로 시간을 내어 주고, 마음을 주고, 선물도 주고, 음식을 주고, 몸도 주고, 재산도 나누고, 무엇을 주어도 아깝지 않은 관계를 우리는 사랑하는 사이라고 할 수 있습니다.

부모님 사랑, 자식 사랑, 이웃 사랑, 육체적 사랑이든 물질적인 사랑이든 정서적인 사랑이든 간에 진실한 사랑이란 주고 싶은 마음이 앞서는 것임엔 틀림없습니다.

아낌없이 줄 수 있는 것이 숭고한 사랑이며, 받기를 원한다면 계산적인 마음이 담겨 있어 사랑이라고 말할 수 없을 것 같습니다.

만일 상대에게 받기를 원하는 마음이 있다면 그 사랑의 끝은 불행해질 확률이 높습니다.

사랑하는 마음의 크기나 사랑의 깊이 정도 또는 사랑을 주고 받아들이는 속도가 각각 다르기 때문에 그 과정에서 상처를 입게 될 것입니다.

또한 받으면 받을수록 더욱 큰마음 받기를 기대하게 될 것이고 기대가 크면 실망도 큰 법인지라 처음부터 주는 사랑의 맛을 느낄 수 있길 추천합니다.

아낌없이 주는 사랑은 주는 것에서 기쁨을 얻기 때문에, 주기 위해 자신의 삶 또한 윤택하게 만들기 위해 최선을 다하게 됩니다. 사랑의 힘으로 시간관리나 경제활동 면에서도 목표 의식이 뚜렷하기 때문에, 주는 사랑의 종착역은 자신도 모르는 사이에 어느 정도 편하게 줄 수 있는 성공적인 또는 좋은 위치에 올라서 있게 될 것입니다.

그저 바라만 봐도 좋고 함께 있으면 더욱 좋고 모든 것을 내어주어도 아깝지 않은 사랑을 하고 있다면 당신은 이 세상에서 가장 행복한 사람임이 분명합니다.

주는 사랑의 즐거움을 알고 있거나 느꼈다면, 그런 사랑을 경험했던 과거시제 유형이라 해도 당신은 정말 행복한 사람입니다.

조금 살아 보니 사랑해 보니, 힘들어도 힘든 줄 몰랐던 시간들이 사랑에 빠진 나날들이었고 10년이 1년 같은 마음이 들 때가 사랑의 포화상태였음을 알 수 있었습니다.

사랑은 마음을 비우고 바라지 말고 무조건 주고 싶은 상대를 만드는 것이라는 생각이 듭니다. 관계에서 자신이 행복해야 상대도 행복하기에 주는 사랑을 해야 자신이 비교적 행복할 수 있다고 생각됩니다.

아낌없이 주는 나무는 외롭지 않을 것입니다.
부디 아낌없이 주는 사랑을 해보시기 바랍니다. 모든 것을 주었으나 준 것이 준 것이 아님을 깨닫게 될 것입니다.
잘은 모르겠으나 모든 것을 비우면 그보다 더 많은 것들로 채워진다는 것을 경험으로 어렴풋이 느끼고 있습니다.
그러니 아낌없이 주는 사랑은 그보다 더 많은 다른 사랑으로 채워질 것이라는 믿음으로 승화됩니다.

이것이 주는 사랑, 나눔을 실천하는 사랑의 위대한 힘이라고 생각됩니다.
사랑은 나누는 것입니다. 다시 말해 사랑을 좀 더 쉽고 단순하게 표현하면 사랑은 '주는 것'이라고 정의를 내릴 수 있습니다.

이렇듯 무조건적으로 사랑을 주고, 아낌없이 사랑해 주고, 상대가 사랑을 주면 받아 주면 되는 것입니다.

"사랑은 주는 것입니다."

청송에
가면

 2월의 마지막 주, 봄을 앞둔 스산한 날씨에 온천욕으로 유혹하는 오샘 언니 초대로 주왕산 국립공원을 다녀왔습니다.

 서울에서 원주로 가는 한강 변 버드나무 가지는 아직 물이 오르지 않은 겨울인데, 중앙고속도로를 타고 서남쪽으로 내려가면 갈수록 나뭇가지에 물이 오르고 있음을 자세히 보면 조금씩 느낄 수 있었습니다.

 올해는 코로나19와 싸우던 예년과 달리 가볍게 남쪽 지방에서 봄을 일찍 맞이하는 호사를 누렸습니다.

 코로나로 단절되었던 왕래에서 설 지나고 만나기로 한 약속을 지킬 겸 현실소통 시작으로 초대 전화 드렸다가, 역으로 갑작스런 초대에 응하게 되어 아무런 준비 없이 달려갔는데, 먹거리 포함 정성껏 준비하신 간식 여행 가방에서 또 한 번 성공한 사람들의 삶의 요소인 나눔을 배울 수 있는 소중한 시간이었습니다.

깊은 신앙심과 함께 건강관리와 시간관리를 잘한다는 점, 삶을 즐길 줄 안다는 점, 삶에서 소중한 것들이 무엇인지 잘 알고 있는 분들이기에 만나면 시간 가는 줄 모릅니다.

보여 주고 싶은 사람과는 모두 함께 왔었다는 주왕산은 주차장에서 조금 걸어 올라가면서부터 왼쪽으로 바라볼 수 있는 큰 바위가 예사롭지 않게 성큼 다가왔습니다.

워낙 설악산을 좋아하기에 별 기대 없이 들어선 주왕산 입구에 바로 절이 있었습니다. 절이 있다는 것은 산자수려한 그 무엇인가 볼만한 가치가 있다고 추정할 수 있는 여지가 충분하다는 뜻이기에 갑자기 기대심리가 발동해 발걸음을 재촉했습니다.

그늘진 곳곳에 간혹 두껍게 굳은 눈 덩어리와 폭포수 곁 고드름이 마지막 겨울을 상기시키고 있었지만 마스크를 벗은 코끝에 닿은 바람의 감촉이나 어깨와 머리를 감싸는 햇살은 봄의 요정이 되어 맑고 푸른 청아한 하늘까지 선물로 주셨습니다.

와! 오길 정말 잘했네…….

청송의 원만하고 부드러운 산새들과 달리 주왕산 속에는 어디선가 옮겨 놓은 듯한 생김새의 바위나 돌 하나하나에 수많은 이야기들이 숨어 있을 것만 같은, 마치 돌로 만든 동화 나라에 들어선 느낌이었습니다.

지리학자가 아니더라도 지리학적으로 세계적 가치가 충분하다고 보이는 주왕산에서 바위와 나무들에게 봄, 여름, 가을, 겨울에 어울리는 각각 다른 상상 속의 옷을 디자인해 입혀 보며, 돌 하나라도 놓치고 싶지 않아 그 어느 때보다도 꼼꼼하고 분주하게 주왕산을 느꼈습니다.

자연 속 바위 하나하나가 수석이 되어 서있는 주왕산에 계절이 바뀔 때마다 다시 와보고 싶다는 생각과 함께 청송 사과꽃 필 무렵이 저절로 상상되었으나 전혀 실감이 나지 않았습니다.

사과꽃 향기는 어떤지, 가을에 주렁주렁 달린 빨간 사과를 직접 보는 기분은 어떤지 갑자기 궁금한 것들이 많아졌습니다.

바위에 석이버섯이 자란 줄 알았더니 아름다운 꽃 그림이 그려진 꽃바위였습니다.

조금 먼 바위에 이끼가 자라 켜켜이 두껍게 지층을 형성하며 서있는 모습은 시간과 계절이 켜켜이 쌓여 있는 것만 같았지만 육안으로 자세히 확인할 수 없어 내 시력에도 켜켜이 시간의 먼지가 쌓였음을 새삼 확인한 셈이 되었습니다.

꽃바위, 주상절리, 신비한 바위 동굴, 하천 속 유난히 까만 바위, 병풍바위, 연꽃바위, 하천 바닥엔 유속의 흐름 속에 닳고 닳은

사회에서 배우다

듯 부드러운 곡선 무늬가 돋보이는 둥글둥글한 바위들, 폭포와 함께 발달한 작은 소가 비췻빛을 띠고 있었습니다.

빗물에 깎여 폭포 그림을 그리고서 병풍처럼 서있는 깎아지를 듯이 높이 솟은 커다란 바위 그 자체가 수석이 되어 서있었습니다. 아마도 비 오는 날에는 폭포 그림을 따라 폭포수가 쏟아질 것이라는 예측도 맞을 것 같습니다.

사람의 손이 전혀 닿지 않은, 물과 바람의 힘으로만 닳고 닳은 둥글둥글 멋진 천연 자연 수석이 감탄을 자아내게 만듭니다.

그 옛날 고승이 앉아 도를 닦았을 법한 범상치 않은 바위들을 곳곳에서 볼 수도 있었으며, 우리가 머무는 내내 어찌나 아늑하고 따사롭고 아름다운 곳인지 바람도 쉬어 가는 듯 고요했습니다.

주왕산에 머물며 책이라도 서너 권 읽는다면, 책 속의 모든 지식들이 스펀지처럼 쏙쏙 빨아들여질 것만 같았습니다.

모진 풍파를 겪은 사람들도 안온하고 잔잔한 물결 같은 평상심으로 삶을 즐길 수 있는 사람으로 마음마저 바뀔 수 있을 법한 그런 곳으로 느껴졌습니다.

꽃돌처럼 멋진 수석으로 다시 태어나 꽃을 품은 단단한 사람이 될 수도 있을 것만 같았습니다. 한나절도 안 되는 잠시 머무는 동안이었지만 주왕산의 매력에 푹 빠진 저는 1년에 열흘 정도 온천욕을 즐기면서 주왕산 산책을 매일 즐길 수 있는 노후를 버킷리스트에 올렸습니다.

청송에 가면 주왕산이 있습니다.

한나절이면 충분한 시간으로 여유 있게 진풍경을 감상할 수 있고 슬리퍼, 운동화를 신고도 운동 삼아 산책할 수 있는 완만한 흙길을 걸을 수 있는 곳, 상처받은 마음을 잠시 어루만질 수 있는 그곳이 바로 주왕산입니다.

충북 청송에 가면 보석처럼 아름다운 자연을 담은 주왕산이 있습니다.

지리 교과서 같은 그곳을 나올 때쯤이면 사회생활에서 건조해졌던 마음도 자연의 예술성에 감동해 어느새 촉촉하게 젖어 있을 것입니다.

주왕산을 나올 때면 제가 그랬듯이 우리나라가 '삼천리금수강산'이라는 말을 정말 실감하게 될 것이며, 우리나라 구석구석 곳곳의 절경을 탐방하고 싶다는 소망이 꿈틀거릴 것입니다.

충북 청송 주왕산에 가면 작은 내설악도 볼 수 있고 제주도의 어느 곳도 만날 수 있으며 삼척의 작은 무릉 반석도 볼 수 있지만, 바위 속에 꽃이 핀 아름다운 꽃돌들을 상상할 수 있고 만날수 있다는 것이 가장 큰 강점입니다.

지리학·지질학·관광경영학 전공자들의 필수선택지라고도 할 수 있는 이곳을 이제라도 알게 되어 감사할 뿐입니다.

국내는 어느 정도 알고 있다고 생각했는데 아직도 가보지 못한 볼만한 곳들이 곳곳에 보석처럼 숨어 있다고 생각하니, 좀 더 부지런히 시간관리를 잘해서 틈틈이 국내여행을 떠나야겠다는 생각이 들었습니다.

이렇게 청송이라는 우연한 여행길에서 또 다른 우리나라를 사랑하는 방법이 국내여행임을 새삼 깨닫게 됩니다.

더구나 우리나라는 세계 그 어느 나라보다도 교통이 잘 발달되어 있으므로 자가용이 없어도 국내여행이 쉬운 곳입니다.

자전거 전철 시내버스 기차 시외버스 관광지 셔틀버스 패키지 관광 등 마음만 먹으면 언제든지 여행을 떠날 수 있는 곳이 우리나라라고 생각됩니다.

여행은 아주 쉽고 행복한 또 하나의 배움의 길이라고 생각합니다. 특히 즐기면서 배울 수 있는 것 중의 하나가 여행이라는 생각이 듭니다.

경기 침체기에 해외여행 경비를 국내여행으로 돌리자고 권유하고 싶은 생각은 추호도 없습니다.

큰 노력 없이 쉽게 배울 수 있고 작은 경비로도 충분히 즐기면서 새로운 것들을 배울 수 있는 길로 국내여행이라는 좋은 배움의 길이 있다는 것을 청송에서 새삼 깨달았기에 공유하고자 기록으로 남깁니다.

청송 꽃돌로
배우다

경북 청송에 가면 수많은 꽃돌을 만날 수 있습니다.

그 진귀한 꽃돌 속에는 상상도 못 한 시간들이 숨어 있었습니다.

땅속 마그마의 성난 여행길에서 돌 속에 스며들어 잠시 머무는 동안 형언할 수 없는 진귀한 청송 꽃돌을 피웠듯이, 주왕이 산에 머무는 동안 패배의 쓰라림은 폭포수에 씻고 시간을 녹여 꽃돌처럼 마음 꽃을 피웠으리라 상상해 봅니다.

새봄맞이 여행길에서 전혀 생각도 못 한 돌에 핀 다양한 종류의 꽃들을 만났습니다.

감사하게도 꽃돌은 봄꽃들보다 먼저 내게로 다가와 활짝 웃어주다가 한 송이 한 송이 마음속에 콕콕 박혔습니다.

청송 꽃돌과의 만남은 제게 우연을 가장한 필연인 듯합니다.

《사회에서 배우다》에서는 사람을 살리는 글, 삶을 꽃피우는 글을 쓰고 싶다는 소망을 담아 집필 중이었으나, 아시다시피 사회에서는 각종 사건·사고에 노출되는 경우가 더 많다 보니 사람의 마음을 무겁게 하는 소재가 많아 이를 거르고 거르는 중이었는데, 마치 제 마음을 알아주기나 하는 듯이 영원히 지지 않을 견고한 청송 꽃돌들이 반겨 주는 듯했습니다.

신의 선물인 청송 꽃돌 생성과정을 알고 나니, 꽃돌이 사람들의 삶의 모습과 무척이나 닮았다는 생각이 들었습니다.
아무것도 없던 원석을 끌이나 망치로 두드려 땀과 정성을 들이면 시간 속에서 돌 속에 수많은 꽃들이 피어납니다.
마찬가지로 땀과 정성을 들여 달구고 두드려 시간을 담금질하면 청송 꽃돌처럼 반들반들 빛나는 단단한 사람이 될 수 있을 것이라고…….

꽃돌은 빨리 또는 중간 속도, 그리고 천천히 이렇게 마그마가 식는 속도에 따라 발생하는 기포들이 서로 다른 모양의 꽃들을 만들었다고 합니다.
돌 틈 사이로 들어간 마그마가 빨리 식으면 잔무늬 꽃들이 돌 속에서 피어나고, 마그마가 천천히 식으면 천천히 식을수록 크고 우아한 꽃들이 돌 속에 피어난다는 엄청난 사실을 알게 된 순간

제 마음속에도 꽃돌처럼 견고한 희망의 꽃이 활짝 피어났습니다.

땅속의 마그마가 분출해 서서히 아주 천천히 식어갈 때 발생하는 공기에 의해 이름 모를 멋지고 근사한 커다란 꽃송이가 피어났듯이, 제 마음속에도 커다란 모란꽃이 활짝 피었던 것입니다.

청송 꽃돌은 아마도 패배자의 아픔을 씻어 주고 위로하기 위해 미리 준비해 둔 신의 선물인 듯합니다.
그 옛날 지구 종말과도 같은 두려움을 느꼈을 화산폭발 당시에도 조물주는 뜨거운 마그마를 가지고, 아주 천천히 또는 중간 속도로, 아니면 빨리빨리 예술성을 발휘했을 것입니다.

모든 것들을 집어삼킬 것만 같은 마그마 분출 그 절망의 순간에도, 지구 어느 한구석 청송에서는 꽃돌들이 생성되고 있었다고 생각해 보면, 일어나지 않은 일들을 미리 걱정할 필요는 없다는 것을 깨닫게 됩니다. 절망 속에서도 희망의 꽃은 피어난다는 것을 청송 꽃돌들이 증명한 셈이니까요.

박물관 청송 꽃돌 수석들을 통해 끝이 끝나는 것이 아니고 숙성시간이 되어 미래의 새로운 시작이 될 수 있음도 알게 되었습니다.
뜨거운 마그마가 식어 딱딱한 돌로 굳어 생명을 다한 것이 아니라, 그 누구도 꺾을 수 없고 영원히 살게 되는 꽃돌로 부활한다

사회에서 배우다

는 엄청난 비밀을 이제라도 알게 되어 천만다행입니다.

감사하게도 청송 꽃돌에서 보이는 것이 전부가 아니라는 삶의 진리를 더욱 선명하게 느낄 수 있어서 좋았습니다.

무엇보다도 우리 아이들의 내면에 들끓고 있던 뜨거운 마그마가 조금 빨리 식었다고 해서 좋아할 것이 아니고, 천천히 식는다고 해서 슬퍼할 필요가 전혀 없다는 것을 알게 된 것만으로도 뜻 깊은 여행이었습니다.

그러니 이젠 채근할 필요도 없고 그저 아름다운 꽃을 활짝 피울 때까지 담담하고 담대하게 믿고 기다려 주면 된다는 커다란 가르침을 받았습니다.

청송 꽃돌과의 만남을 우연이 아닌 필연으로 이끌어 주신 오샘 언니께 진심으로 감사드립니다.

청송 꽃돌과의 필연적 만남은 새봄맞이 여행을 넘어 새로운 꽃길 인생을 맞이하기 위한 꽃길 여행으로써 손색없는 시간이었습니다.

사과꽃 필 무렵에는 한 번도 가보지 못한 이번이 초행길이었지만 청송으로의 꽃길 여행을 제안합니다. 청송에는 꽃돌도 많고 사과꽃 길도 있었습니다.

아늑하고 멋진 주왕산 품에 안겼다가 새콤하고 달콤한 청송 사과를 한입 베어 문 후 따끈따끈한 온천물에 삶의 때를 벗기고, 사과꽃 향기에 잠시 마음을 빼앗긴 후, 근처 꽃돌 박물관에서 마음 꽃을 활짝 피운다면, 몸도 마음도 더할 나위 없이 멋진 여행이 될 것입니다.

청송 꽃돌에게서 시간의 소중함과 느림의 미학을 깨닫고 인생의 시간여행도 생각해 보는 좋은 계기를 만들어 보시길 강력히 추천드립니다.

덤으로 청송 꽃돌 닮은, 사과꽃 닮은, 새하얀 달항아리 닮은 넉넉한 마음과 예쁜 마음도 챙겨 오시면 더욱 풋풋하고 멋진 인생 여행이 되실 것입니다.

아무런 연고도 없고 별로 기대하지 않았던 뜻밖의 장소에서 청송 꽃돌을 만났고, 이를 통해 사람의 삶을 꽃피우는 글을 쓰고 싶다는 소망을 이룬 것이나 마찬가지이므로 이미 저는 작은 기적을 맛보고 있다고 감히 말씀드릴 수 있습니다.

청송 꽃돌에게서 배운 마음공부가 이 글을 통해 전해질 것을 바라면서, 누군가의 가슴에 꽉 박혀 상상조차 할 수 없는 진귀한 인생 꽃을 피울 것이라는 확고한 믿음을 담아 한 글자 한 글자 정성껏 꽃돌처럼 기도문을 새기고 있는 중입니다. 이것이 제가 말하는 청송 꽃돌의 기적입니다.

저도 이번 새 인생 맞이 여행에서 맛보았던 사과잼처럼 달콤한

사회에서 배우다

마음으로 살다가 사과 주스처럼 향긋하고 상큼한 마음으로 또 달려갈 것입니다.

사과꽃 필 무렵 청송 어디선가에서
사과꽃 담은 눈빛으로 활짝 웃고 있을 것입니다.

배움이라는
것

배우는 것을 좋아해 학교에서의 정규과정들을 모두 졸업하고 나서도 배움을 멈출 수가 없었습니다. 배우는 것이 습관이 되었고 학교가 아니더라도 사회 주변의 모든 것들에서 배울 것이 있다는 것을, 배움의 즐거움을 알아 버렸기 때문입니다.

우리가 이미 알고 있는 것처럼 좋은 것들은 그대로 받아들이고 나쁜 것은 바꾸어 받아들여 삶에 녹이면, 아무리 힘들고 고단하더라도 시간이 소요될 뿐 언젠가는 윤택한 삶으로 이끌 수 있다는 믿음이 생겼습니다.

이렇게 앎에 그치지 않고 직 간접경험을 통한 믿음이 생겼기에, 자칫 건조하고 피폐해지기 쉬운 삶을 좀 더 윤택한 삶으로 이끌 수 있는 믿음을 함께 공유하고자 합니다.

평소 교육대학교 예비 선생님들에게 '생각하는 사람이 되자.'고 강조했던 교육철학 방식과 일맥상통하는 생활 속의 배움이므로, 이는 실천적 지식이라고 할 수 있기에 모두가 100% 공감할 수는 없겠지만, 특수한 상황을 제외하곤 대다수 사람들의 경우는 비슷하다고 보기에 공유할 수 있는 용기를 내는 중입니다.

꼭 학교가 아니더라도 배움의 기회는 무궁무진합니다.
가정에서, 책이나 각종 매체를 통해서, 절이나 교회 등 종교를 통해서, 자연에서, 놀이로, 그리고 이렇게 지금처럼 사회에서 배울 수 있습니다.
여기서 배움은 어디에서 배우느냐가 중요한 것이 아니고 어떻게 배우냐는 것입니다.

어떻게 배우는가는 배움의 방법적인 측면에 해당합니다.
배움에 대한 방법적인 측면에 앞서 배움의 대상을 알아보면, 우리는 눈·코·입·귀·손·발·피부를 통해서 뿐만 아니라, 촉감·머리·마음·경험 또는 무경험을 통해서까지 수많은 지식에 노출되어 있습니다.
나 자신뿐만 아니라 상대방 또는 군중들에게서, 심지어는 신께도 배울 수 있으니 배움의 대상도 끝이 없는 것입니다.

이렇게 모든 것이 배움의 대상이니 주변에서 눈감고도 쉽게 배울 수 있지만 자신이 받아들이는 배움의 양은 그리 많지 않은 것 같습니다.

　여기서 어떻게 받아들이고 어떻게 배우는가에 대한 방법적인 면을 생각하게 됩니다. 이렇듯 배움의 방법적인 측면은 생각으로부터 출발합니다.

　생각만 잘하면 이것이 곧 배움이고 생각한 것을 몸으로 실행하는 것이 배움을 실천하는 것입니다.

　예를 들면 배움을 반복적으로 실천하는 과정을 통해 성공과 실패를 경험하게 되는데, 이러한 성공적인 요소나 실패 요소들이 심리학적 강화(정적강화나 부적강화)를 통해 실천적 지식이 되는 것입니다.

　생각을 잘하기 위해서는 가장 먼저 생각하는 시간을 늘려 생각하는 힘을 기르는 것이 중요합니다. 따로 시간을 만들어 생각하는 것이 아니라 일상을 통해 생각하는 습관을 갖는 것이 경험상 효과적이었습니다.

　그렇다고 해서 아무 때나 시도 때도 없이 사유하는 것은 과유불급(過猶不及)이오니 가능하다면 시간이나 장소를 정해서 자기만의 생각 시간을 집중해서 갖는 것을 추천합니다. 특히 운전 중에 생각하는 것은 매우 위험한 것임을 명심해 주시기 바랍니다.

사회에서 배우다

배움의 자세는 평생 배워야 하는 것이므로 서두를 필요가 없다고 생각합니다.

빨리 배우면 중요한 것들을 놓칠 수도 있고 차근차근 배우면 배움의 참맛을 느낄 수도 있습니다.

평생 배우기만 하면 아는 것이 독이 될 때가 있고, 때론 모르는 것이 약이라는 생각도 들기에 비우는 것도 중요합니다.

생각을 잘하려면 복잡한 머릿속을 비우는 것도 매우 중요하다고 생각됩니다.

불멍, 물멍, 산멍이 유행하는 것도 그만큼 복잡한 사회생활에서 스트레스받는 사람이 많다는 증거일 테고, 스트레스 해소나 생각을 비우는 방법으로 사람마다 다르겠지만 제 경우는 청소와 운동이 효과적이었습니다.

청소와 운동은 몸과 마음을 깨끗이 닦을 수 있을 뿐만 아니라 스트레스 해소는 물론 건강관리에서 오는 만족감까지 덤으로 오는 일석사조의 효과적인 생각 비우기 방법입니다.

이렇게 비울 것은 비우고 버릴 것은 버리며 받아들인 선택적인 어떤 사물이나 대상을, 내가 인지하고 받아들인 후 사유함으로써, 즉 질문을 통해 생각하고 체득한 것들을 실천적 지식이라고 말하고 싶습니다.

제 경우는 급격한 사회변화 속에서 예측할 수 없는 미래가 불안감으로 다가왔으며, 이러한 불안정한 사회 환경 속에서 모든 삶의 순간이 선택해야만 한다는 것을 깊이 인식하게 되었습니다.

　인생에서 가끔 매우 중요한 선택과 결정을 해야만 하는 경우가 있는데, 이때 좋은 선택과 좋은 결정을 할 수 있는 확률을 높이기 위한 수단으로 실천적 지식이 필요하다는 판단을 비교적 일찍 할 수 있었습니다.
　다시 말해서 선택과 결정의 실패율을 줄이고 성공적인 선택과 결정의 확률을 높여야겠다는 생각으로 배움이 필요했던 것입니다.

　실제로 도전적인 삶이었음에도 불구하고 감사하게도 배움에 대한 노력은 헛되지 않았습니다.
　돌이켜 보면 아찔했던 순간에도 은근과 끈기 또는 배짱으로 버틸 수 있었던 것도, 실천적 지식의 경험을 믿고 좋은 선택과 좋은 결정의 확률을 높일 수 있었기에 가능한 일이었습니다.

　이러한 실천적 지식들의 결과가 어디까지인지는 저도 모르겠지만 분명한 것은 막연하게나마 사람들의 고통이나 불안감을 덜 수 있고, 언젠가는 인간의 삶을 꽃피울 수 있다는 강한 믿음이 느껴지는 것이 솔직한 심정입니다.
　실천적 지식의 앎이 앎에서 끝나지 않고 일단 행동으로 옮겨야 하는 이유가 여기에 있는 것입니다.
　이것이 우리가 배워야 하는 이유이며 목적이라는 것을 이제야 알 것 같습니다.

사회에서 배우다

실천적 지식들이 개인의 생각에 머물거나 멈추지 말고 사회로 확장시켜 공동의 실천적 지식으로 환원시킬 때, 배움으로 인한 사회적 발전을 기대할 수 있다고 보며 희망적인 내일을 꿈꾸게 됩니다.

그러니 실천적 지식들이 소멸(없어지거나 사라짐)되지 않도록 국가적 사회적 장치를 마련하는 것도 미래 사회의 원동력이 될 수 있으며 국가발전을 위한 가치 있는 노력이라고 생각합니다.

간단하게 요약해 보면 끊임없이 변화하는 사회 속에서 좋은 판단이나 좋은 선택 기준도 변화되므로, 좋은 판단과 좋은 선택을 할 수 있는 확률을 높여 실패의 불안함을 자신감으로 승화시키는 수단으로 실천적 지식인 배움을 선택했습니다.

궁극적으로 삶에 있어서 자신감 있는 판단과 선택으로 삶의 성공률을 높임으로써 좀 더 행복한 삶을 영위하기 위한 수단으로 배우는 삶의 길을 선택한 것입니다.

주변의 것들을 배움의 대상으로 삼고 소소한 배움의 즐거움을 맛본 결과물들이 바로 《식물에게 배우다》, 《놀이로 배우다》, 《자연에서 배우다》이며, 곧 출판하게 될 《사회에서 배우다》가 되는 것입니다.

이러한 배움의 부산물들은 메마른 삶에 위로가 되어줄 것이며, 소량의 윤활유 역할도 해줄 것입니다.

실천적 지식을 활용한 대표적인 사례로 자식 교육을 위해 신사임당께서 시와 그림을 그리셨고 한석봉 어머니께서 떡을 썰었으며, 맹자 어머니께서는 세 번 이사를 하셨다고 합니다.

배운 것을 실천하는 실천적 지식을 생산하고픈 저로서는 가만히 있을 수만은 없는 일이고, 무엇인가 흉내라도 내야 할 것만 같아 고민하다가 부모 마음을 책으로 엮어 보기로 했던 것입니다.

이 책들은 교육자로서 제자들에게, 어머니로서 아들에게 바치는 마음으로 쓰는 제 기도의 글입니다. 기도의 효과를 좀 더 명확히 하고자 불공문(기도문)으로 활자화하는 중입니다.

이 책과 인연이 있는 모든 분들께서는 평생 배움의 실천적 지식을 통해 마음의 평온을 유지하는 행복한 삶 되시기를 간절히 바랍니다.

사회에서 배우다

샤인머스캣

과일은 얼리면 대부분 맛이 덜합니다.

얼려도 맛이 괜찮은 과일들은 이미 아이스크림이나 아이스바로 출시되어 시중에 판매되고 있습니다. 딸기, 포도, 수박, 멜론, 망고 등의 과일이 그렇습니다.

오늘은 샤인머스캣을 먹고 있었습니다.

탱글탱글 달콤한 초록빛 포도 알이 입 안 가득 퍼지면 얼굴 표정들도 달콤해 보이기에, 그 표정 보는 맛에 어쩌다 거금을 투자합니다.

"엄마 얼리면 더 맛있어요."하는 것입니다.

"그래도 원물이 더 낫겠지, 그냥 먹을 것도 부족한데 얼릴 게 어디 있니?"

"한번 얼려서 드셔 보세요."

그냥 넘어가려다 혹시나 싶어 속는 셈 치고 시도한 결과 와우!

오전에 얼려서 점심 후식으로 먹었더니 그 맛이 대박입니다.

적당한 단맛의 샤베트 같기도 하고 고급 아이스크림 같은 아주 매력적인 맛이었습니다. 무심코 얼마든지 한 알 한 알 집어 먹을 수 있을 것만 같았습니다.

"나머지도 모두 얼리자."

비교적 쌀 때 사서 얼려 두었다가 한여름 무더위에 한 알 쏙 넣으면 오아시스 같은 꿀맛을 느낄 수 있을 것 같습니다.

이렇게 삶 속에서 아무것도 아닌 소소한 것들을 배우는 과정이 제겐 더할 나위 없는 행복입니다.

샤인머스캣처럼 소소한 배움들로 소소한 행복을 맘껏 느낄 수 있는 오늘을 만들면서 살다 보면 생애 전체가 행복한 삶이 될 수 있으리라 생각됩니다.

그렇기에 행복에 집착하지 않고 오늘도 소소한 일상에 감사하면서 소소한 배움을 추구하고 있습니다.

사회에서 배우다

무드셀라
증후군

첫 발령지에서 같은 학년 담임교사로 근무했던 이 선생님께서 여기저기 수소문한 끝에 연락을 주셨습니다.

우린 몇 날 며칠 밤을 연인처럼 주로 밤 통화로 회포를 풀면서 멀어진 시간들을 메꾸어 나갔습니다.

34년 만의 목소리는 예전보다 밝게 느껴졌으며 통화하는 내내 웃고 계신 것으로 보아 안정된 노후준비와 함께 행복한 노후를 만들고 계신 것 같았습니다.

선생님 추억 속의 저는 감사하게도 밝고 잘 웃는 선한 영향력을 주는 교사로 남아 있었습니다.

"최 선생님은 안 좋은 이야기도 상대방 기분 상하지 않게 웃으면서 말하고, 하고 싶은 말 다 하면서 끝까지 좋은 결과를 만들어 내는 사람이었어요. 난 화내고 부딪히기도 했는데 젊은 사람이 재치가 있더라."

어찌나 생생하게 말씀하시는지 마치 신관 2층 5학년 교실에 마주 앉아 있는 느낌이었고, 우린 동시에 웃음이 빵 터졌습니다.

이렇게 한바탕 웃고 난 뒤 그날 밤 과거의 삶을 돌이켜 보고 점검하는 좋은 계기가 되었습니다.

그러고 보니 난 그 당시 한 번도 누군가에게 힘들다 우울하다는 말을 해본 적이 없었던 것 같습니다.

아무리 힘들어도 맡은 일은 끝까지 해내야 직성이 풀리고 마음이 편했기에, 몸은 힘들어도 마음이 편한 쪽을 선택했던 것입니다.

'얼마나 힘들었으면 항상 좋은 기억만 남기려고 했을까?'
'엄청 힘들었는데 스스로에게 전혀 힘들지 않다고 주문을 걸고 있었던 거야.'

실제의 삶은 엄청 우울했었는데 밝은 척한 것은 아닌지 걱정도 됐습니다. 이러한 생각에 이르게 되자 처음으로 무드셀라 증후군이 있었는가를 염두에 두고 회상해 보게 되었습니다.

무드셀라 증후군이란 나쁜 기억은 빨리 지워 버리고 좋은 기억만을 남기려는 기억 왜곡현상으로, 일종의 마음의 병이라고 하며, 항상 좋은 기억만을 남기려고 하는 심리를 가진다고 합니다.

사회에서 배우다

10대의 저는 힘들어도 힘든 내색 하지 않았고 교육비를 제외하곤 부모님께 용돈 한번 달라고 한 적 없으며, 나쁜 일은 혼자 해결하고 좋은 일이나 좋은 경험만 엄마께 말씀드리는 자립심이 강한 아이였으나 마음 깊은 한구석은 늘 그늘이 있었습니다.

오로지 엄마를 웃게 해드리고 싶었던 마음이 컸기에, 돈 들어갈 일과 걱정하실 일은 아예 만들지 않았으니, 겉으로 드러나는 행동은 적극적이었으나 자연히 속마음은 소극적일 수밖에 없었습니다.

자칫 잘못하면 10대에 무드셀라 증후군이었을 수도 있었을 텐데, 기억 왜곡이라는 마음의 병에 걸리지 않았던 가장 큰 이유는 늘 주변에 지나치리만큼 많은 사람들이 북적거렸고 신문, 잡지, 전기문 등 보이는 것은 모두 읽는 독서 습관과 설악산, 낙산해수욕장, 솔밭 등 아름다운 자연환경 속에서 맘껏 뛰어놀 수 있었기 때문이라고 생각됩니다.

여기서 아름다운 자연이 마음의 치유제가 되었음을 알 수 있습니다.

20대 저를 이 선생님께서 그렇게 보신 것은 초등교사로서 확고한 교육 가치관과 함께 자부심도 있었고, 초긍정적인 마인드로 교직이 천직인 줄 알고 늘 감사한 마음이었으니, 당연히 얼굴 표정도 밝고 활기찼을 것입니다. 그러니 무드셀라 증후군과는 거리가 멀었다고 판단됩니다.

10대, 20대가 초긍정적인 습관이 되어, 결혼 후 양가 부모님 마음을 헤아려야만 했고 자수성가해야만 했던 무척이나 힘들었던 30~40대 역시 초긍정적인 마인드로 살아 냈습니다.

나쁜 것은 빨리 잊어버리고 좋은 생각만 하려고 무던히도 애쓴 결과 자칫하면 무드셀라 증후군에 걸릴 수도 있었을 만큼 힘든 삶의 연속이었지만, 박사과정 공부를 통해 합리적이고 논리적으로 사고하려고 노력함으로써 무드셀라 증후군에 걸릴 겨를도 없을 정도로 바쁘게 살았으니, 더불어 감사하게도 '순교자 증후군' 또한 인생에서 비켜 갈 수 있게 되었습니다.

무드셀라 증후군과 반대 개념을 가진 순교자 증후군은 과거의 나쁘고 비극적인 사실들만 기억하는 증후군으로, 심하면 병적인 자기학대까지 하게 되며 자기가 희생자라고 생각한답니다.

수치스럽고, 분하고, 억울하기도 하고, 잊으려 할수록 더욱더 선명하게 떠오르는 기억들이 자신을 괴롭히는 증상을 말합니다.

50대는 마음공부를 통해 과거 타인의 이해할 수 없었던 부분들이 저절로 이해되고, 이렇게 모든 것들이 이해되니, 삶의 얽히고 묶였던 매듭들이 서서히 풀리는 느낌이 듭니다.

실제 예로 오샘 언니 두 딸이 억대 연봉을 받고 있다는 기쁜 소식도 자랑으로 들리지 않고 진심으로 축하해 드렸고, 선배 언니가 9박 10일로 크로아티아 여행을 가신다고 해도, 모두 다 진심으로 기뻐해 줄 수 있는 마음의 여유가 생겼다고나 할까, 아무튼

사회에서 배우다

요즘은 주변에서 좋은 소식들도 많이 들려오니 저절로 마음이 넉넉해지고 훈훈해집니다.

또한 돌이켜 볼 때 저는 과거보다 지금이 좋고 살아온 생애에 있어서 지금이 가장 행복하다고 할 수 있으며, 과거부터 현재까지 미래지향적 삶을 살고 있으니, 무드셀라 증후군과는 거리가 멀다는 결론에 이르자 천만다행이라는 생각이 들었습니다.

이렇게 무드셀라 증후군이나 순교자 증후군에 대해 알고만 있어도 자신뿐만 아니라 다른 사람들을 이해할 수 있는 폭이 넓어집니다.

마음의 상처를 치유하기 위해선, 자신을 위해 조금은 이기적으로 살아도 보고, 자존감을 높이려는 시도가 필요합니다.

착한 아이 콤플렉스에서 빨리 벗어나는 것도 필요하고, 싫으면 싫다고 말할 수 있는 용기와 거절할 수 있는 용기도 필요합니다. 진정으로 원하는 것이 무엇인지 스스로에게 묻고 마음의 소리를 들을 수 있는 심적 여유를 갖는 것도 중요하다고 생각됩니다.

과거 자신의 삶을 이해하고 정리하고 반성을 통해 자신에 대해 좀 더 구체적으로 알아 간다면 좀 더 나은 방향으로 미래의 삶을 만들어 갈 수 있으리라 생각됩니다.

그러려면 가끔은 자신의 내면을 객관적으로 들여다볼 줄도 알아야 하고, 스스로 마음을 어루만져 줄 수 있으며, 토닥토닥 으쌰

으싸 자신을 감싸고 격려해 줄 필요가 있습니다.

만일 누군가가 가족이나 지인으로부터 일종의 정서적 학대인 가스라이팅을 당했거나, 오랜 기간 누군가로부터 괴롭힘을 당했다면, 건강하게 살아남기 위한 방법으로 과거의 나쁘고 비극적인 사실들을 빨리 잊어버리도록 노력해야만 할 것입니다.

잊어버리되 무드셀라 증후군의 왜곡된 기억으로 마음의 병에 걸리지 않도록 체크나 상담이 필요하고, 담담하고 담대한 마음을 갖도록 힘써야 합니다.

단지 표현하지 않을 뿐이지 주변에 생각보다 마음의 상처를 안고 사는 사람들이 의외로 많습니다.

이 경우 혼자 노력하는 것보다는 주변에서 조금만 이해해 주고 감싸 주면 아픈 마음의 상처가 덧나지 않을 수 있으며, 적극적인 위로와 이해 속의 관심은 더욱 새로운 활기찬 삶으로 박차를 가하는 데 일조할 수 있을 것입니다.

이제는 한마디 말이라도 누군가의 삶을 꽃피울 수 있는 말을 했으면 좋겠습니다.

무심코 던진 말이 누군가의 가슴에 비수가 될 수 있고 멍이 들 수도 있다는 것을 모두가 알았으면 좋겠습니다.

말로도 보시가 될 수 있다는 것을 이 선생님께 칭찬받으면서도

사회에서 배우다

배웠습니다.

예쁜 말, 상냥한 말, 칭찬, 격려, 자성 예언, 응원하는 말 등은 가장 쉽게
실천할 수 있는 보시가 될 수 있다고 생각합니다.

　이러한 말들은 선물과 웃음이 되어 우리의 삶을 활짝 피어나게
해 줄 것입니다.

꽃비

오늘은 3월 11일, 촉촉이 봄비가 내리고 있습니다.

일요일 아침이라 지금쯤 아파트 정원에 운동하는 사람들로 분주할 텐데, 새소리조차 들리지 않는 고요함 속에 해진 저녁 같은 밝기의 하늘이 마음까지 차분하게 만들어 줍니다.

언제부터인지는 모르겠으나 아파트 정원에 매화꽃이 피고 있었으니, 따사로운 햇살과 바람에 이어 아마도 오늘은 꽃비가 성큼 봄 마중 나온 듯합니다.

저도 꽃비 마중하는 의미로 안방 베란다 창문을 열고 손을 슬며시 내밀어 보았습니다. 어린아이처럼 웃음이 절로 나옵니다.

사회에서 배우다

장난꾸러기처럼 안전대에 방울방울 또르르 맺힌 빗방울들을 손가락으로 훑으니 차가운 기운이 머리까지 닿습니다.

　　매화꽃 봉오리 얼굴 씻기기에는 조금 찬걸…….

　　꽃비가 아기 꽃봉오리 얼굴 씻기듯 우리들 마음속 먼지들도 구석구석 촉촉하게 쓸어 내려가길, 계절이 바뀌듯 사람들의 마음에도 꽃비 내리길 그 어느 해보다도 간절히 바랍니다.

　　화마가 휩쓸고 지나간 자연의 상처나 코로나19로 찌든 마음의 상처에도 이 꽃비가 소독제 되어 하루빨리 치유될 수 있기를 바랍니다.

　　거실에서 내려다보이는 아파트 정원에 매화나무 두 그루가 보입니다.

　　꽃비 맞은 매화나무는 더욱 진한 갈색을 띠고 연분홍 매화는 햇살이 비칠 때보다 더욱 선명한 분홍색을 띠고 있어, 꽃과 가지의 구분이 뚜렷하게 구분되어 보인다는 소소하지만 새로운 사실도 알게 되었습니다.

　　계절이 또 한 번 바뀔 무렵 매실이 익어 가기도 전에, 저 매화나무 밑에는 탐욕에 눈이 멀어 서성이는 한 사람을 올해도 보게 될 것입니다.

　　해마다 그랬듯이 올해도 매실이 익어 가는 향긋함과 나무에 다닥다닥 맺힌 노란 황매실이 얼마나 곱고 예쁜지도 모르고 지나갈

꽃비

사람들이 많을 것입니다.

또 그 매실나무 앞에 앉은 어떤 여인은 쑥을 캐고 나물을 뜯을 것이며, 그녀의 배낭은 어디선가 뜯어 온 나물들로 두둑하게 배불러 있을 것입니다.

만일 그녀가 남의 것을 탐내는 욕심이 있다면 정원에 약을 친 오염된 나물을 뜯어다 길거리에서 팔 것입니다.

건강하려고 먹었는데 오염된 봄나물이라면, 그녀가 미처 인지하고 있지 못하거나 심각성을 모르고 무심코 한 행동일지라도 자신과 타인의 건강을 위협하는 일은 생각만 해도 끔찍한 일입니다.

나물 담긴 배낭을 멘 그녀의 오염된 마음도 이 꽃비가 씻겨 내렸으면 참 좋겠습니다. 그래서 올해는 그녀를 만나는 서글픔을 맛보지 않고, 미간을 찌푸리지 않게 되기를 바라며, 나물 캐지 말라는 안내방송도 들리지 않았으면 좋겠습니다.

이 꽃비가 제 눈과 귀, 사회의 먼지 등을 소독해서, 앞으로는 안 봐도 될 것들은 보지 않게 해주시고 더러운 말이나 사회악과 같은 소식은 듣지 않게 되기를 희망합니다.

지금 내리는 꽃비가 만물을 소생시키고 자연정화 하듯이, 아픈 분들은 물론 우리들의 몸과 마음도 꽃비로 인하여 자연정화 내지는 자연치유 되기를 간절히 바랍니다.

이 꽃비가 딱딱하게 굳어 가는 삭막해진 마음에 스멀스멀 스며

사회에서 배우다

들어 간질간질 말랑말랑하게 만들고 꽃봉오리가 맺힐 수 있는 희망을 품도록, 촉촉한 윤활유 역할을 해주면 좋겠다는 생각을 하게 됩니다.

모든 것들은 마음먹기에 달렸다고 하니 우리들 마음속에 무드셀라 증후군이나 순교자 증후군 같은 마음의 병은 내몰고, 꽃비 맞은 싱싱하고 환한 꽃송이들로 가득 채워야겠습니다.
매화꽃이든 꽃다지나 민들레와 같은 들꽃이든 간에, 꽃이 피면 열매를 맺는 것이 자연의 이치라는 것을 우리는 이미 알고 있습니다.

이렇듯 우리들의 삶도 좋은 결실을 맺기 위해서는, 가장 먼저 마음의 싹을 틔우고 밝은 마음 꽃을 활짝 피워야 될 것이라는 것을 꽃비 내리는 날 아침 사유하면서 배웁니다.

나는
누구인가

나는 누구인가?

20년 전 이 질문이나 10년 전의 이 질문에 대한 답은 비슷했습니다. 무어라 단정 지어 말할 수 없어서 얼버무리는 수밖에 다른 도리가 없었습니다.

나를 알아 가는 과정이 메타인지의 과정이라고 표현한다면 제 삶은 메타인지와는 거리가 먼 그냥 하루하루 열심히 살아 내는 정도로밖에 해석할 수 없을 것입니다.

나는 누구인가?

직업적인 보여 주는 나를 빼고 내면의 나로서 이 물음에 대한 답을 하려면 크게 코로나19 이전 삶과 이후 삶으로 구분해서 생각해 볼 수 있습니다.

코로나19의 모두가 바이러스와 싸웠던 힘들었던 시간이 자신과의 싸움이었으며, 오히려 나를 알아 가고 나를 찾게 된 중요한 계기를 만들어 준 시간이 되었기 때문입니다.

나는 누구인가를 한마디로 정의할 수 없다면, 생각과 그 사람이 어떻게 살아왔는가가 그 사람의 삶 자체를 대변할 수 있다고 생각했습니다. 그래서 지나온 과거의 눅눅한 시간들을 꺼내 정성껏 먼지를 털고 거풍도 하면서 부지런히 보송보송한 현재의 시간으로 돌려놓을 수 있었습니다.

어떻게 생각하고 마음먹느냐에 따라 과거의 외로웠던 시간이 성숙의 시간이 될 수 있고 혼자만의 소중한 추억이 될 수도 있다는 것을 실감 나게 하는 반성적 경험을, 명상을 통해 비우는 과정과 세 권의 집필 시간을 통해 맛볼 수 있었습니다.

코로나19 이전 삶은 하루하루 살아 내기 바빠서 마음의 여유가 없었으니 나를 돌아볼 여유는 더더욱이 없었고, 내 삶에 나는 없었고 가족이나 타인의 삶이 복선으로 겹치고 깔려 있어 우울했으며, 그들의 묵시적 혹은 명시적 요구가 나를 서서히 조여오면서 회색빛 어둠의 세상으로 끊임없이 끌어당기고 있었습니다.

가족이나 제자, 타인들이 웃고 있을 때 곁에서 내가 웃고 있었을 뿐, 그곳에 온전한 주체의 제 삶은 없었습니다.

살기 위해 경제적 도구의 수단이 되고 있었음을 느끼게 되고, 나조차 나를 모르는데 누가 나를 알아주고, 내 존재를 이해하고 보듬어 줄 수 있겠습니까?

내 삶의 주체는 자신이므로 스스로를 사랑할 줄 알아야만, 누군가의 사랑도 받아들이고 요구할 수 있으며, 타인을 진심으로 사랑할 줄도 알게 된다는 것을 이젠 알 것 같습니다.

이전에는 삶 자체가 고통이라면 외면하지 않으리라 생각하면서 고통을 고통이라 여기지 않고, 삶의 일부로 생각하면서 껴안고 살아왔기에 오랫동안 나를 짓누르는 삶의 무게감으로 다가왔습니다.

내 삶뿐만 아니라 건방지게 타인의 삶의 무게까지 짊어지려고 하는 어리석음을 범하며 살아왔던 것입니다.

코로나19라는 삶과 죽음이 오가는 세계적인 전쟁을 겪으면서 더욱 마음이 다치고 상할 수 있는 상태가 될 수도 있었으나, 생애 최초의 휴식과 쉼 그리고 여가활동을 통해, 감사하게도 오히려 마음의 상처 난 환부를 도려내고 새살이 돋게 만들었으며, 삶에 지친 육체적 건강도 회복시킬 수 있었던 나름 매우 의미 있는 시간을 보낼 수 있었습니다.

이제부터 위드코로나 시대에는 모두 내려놓고 살고자 합니다.

사회에서 배우다

내려놓는 일환으로 생각도 비우고, 마음도 비우고, 몸무게도 비우고 있는 작업 중입니다. 이렇게 비워 낸 것들을 책으로 엮어 활자화시키고 나니 '나는 누구인가.'에 대한 답이 구체화 되어 가고 있는 듯합니다.

버거웠던 타인의 삶을 내려놓고 심지어는 나의 소중하다고 생각했던 부분들까지 모두 버리고, 비우고, 단념 또는 체념하고 나니, 예전보다는 한결 가벼운 삶으로 전환되어 가고 있음을 느낄 수 있습니다.

의식적으로 타인의 삶에 거리를 두고 나와 마주 보려는 시도를 자주 하고 있습니다. 수시로 마음을 들여다보고 살피고 어루만지면서, 그동안 방치해 두었던 나 자신을 사랑해 주려고 노력 중입니다.

과거와 현재의 삶을 모두 비워 내고 나니 다시 새롭게 배운 것들로 채워지고 있습니다.

나는 이 세상에 전생의 빚을 갚으러 온 사람인 듯합니다. 이제 전생의 급한 빚은 어느 정도 갚은 것 같은 느낌이 들 정도로 힘들었으며 지금은 채무관계에서 어느 정도 벗어나 안도의 숨을 쉬고 있습니다.

불교의 인연법에 대입해서 그동안의 삶을 연결해 보니 도저히 이해할 수 없었던 삶의 일부분도 이해되고 해결된다는 것을 알게 되었습니다.

나는 배우는 것을 좋아하고 공감 능력이 좋은 것 같습니다.

공감 능력이 서로 다른 사람들이 부부로 만나 함께 살아가기 위해선 서로 공감대를 형성하기 위해 끊임없이 노력해야 함에도 불구하고, 노력 대신 체념하고 살았으니 시간이 흐르면 흐를수록 스트레스가 쌓여 고통이 따를 수밖에 없었음을 이제야 알게 되었습니다.

그러니 참 어리석은 사람이기도 합니다.

어리석기에 지혜로운 삶을 추구하고 싶어서 배우는 데 집착하고 있는 것인가 봅니다.

나는 이타심이 강한 바보입니다.

그 이타심이 도가 지나쳐 회의감이 들 정도로 자신의 삶 자체를 흔들어 놓는 결과를 초래했습니다.

자식 교육에서만큼은 극단적 이기주의가 만연하는 사회에서 아직까지도 모두 함께 잘 키우자는 교육철학을 버리지 못하고 미련을 떨고 있으니 현실감각이 부족한 바보나 마찬가지라 서글퍼집니다.

그러나 이처럼 실속 없는 바보 같은 사람도, 누가 알아주지 않더라도 이 사회에 꼭 있어야 한다고 생각하기에 바꾸지 않고 고수하려는 고집은 미련할 정도입니다.

이렇게 나는 누구인가에 대한 물음을 통해 자신에 대한 분석 및 반성을 두루뭉술하게 해본 결과, 사는 동안 민폐 없이 건강한

사회에서 배우다

삶 유지를 위한 목적으로 이제는 더 이상 스트레스받지 않는 방향으로 삶을 설계해야겠다는 생각을 하게 됩니다.

앞으로의 삶은 자신에 대한 배려도 할 것이고, 배려차원에서 말하지 않고 의리로서 모른 척했던 스트레스에서 벗어나서, 아니면 아니라고 말할 수 있고 싫으면 싫다고 말할 수 있을 것이며, 어느 한쪽에 치우치지 않고 상대방과 함께 긍정의 결과로 이끌 수 있는 상황에 직면한다면 맺고 끊음에 주저하지 않는 용기도 내보려합니다.

가장 큰 결심으로써, 나와는 관계가 멀다고만 여겨왔던 돈을 소중하게 여기면서 이왕이면 더욱 가치 있게 쓸 수 있는 지혜로운 소비습관과 방법을 모색해야겠습니다.

나는 누구인가에 대한 물음에서 찾은 답으로 한 가지 확실한 것은 과거와는 매우 다른 삶이 될 것이며, 예전보다는 시간의 밀도를 높인 좀 더 가치 있는 삶을 살게 될 것입니다.

지금 이 순간 자성 예언으로 '불행 끝 행복 시작'을 크게 각인시키고 있는 중입니다.
특정 시기에 일어나는 학습효과가 평생 영향을 미친다는 각인효과처럼, '불행 끝 행복 시작'이라는 각인을 통해 스스로 불행을 끊어 내고 행복에 대한 영속성을 부여함으로써, 불행과 행복 사이에서 오락가락하지 않을 늘 평상심을 유지할 수 있는 여여(如如)함을 얻고자 하는 욕심을 부리고 있는 중입니다.

여여(如如)한 마음, 늘 그러한 마음의 평상심 유지가 제가 추구하는 행복인 것입니다. 내가 어떤 사람인지, 누구인지 좀 더 알고 싶은 것도 평상심 유지를 위해서입니다.

여기서 중요한 것은 나는 누구인가를 알아 가는 과정이 행복에 집착하는 과정이 되어서는 안 된다는 것입니다.

어차피 삶이란 고통의 연속이요, 이 고통 속에서 가끔 또는 어쩌다 맛보는 행복이기에 더 달콤하게 느껴지는 것이라는 생각이 듭니다.

행복에 대한 집착은 느끼지 않아도 될 또 다른 불행을 느끼게 되는 원인을 제공하게 되므로, 나는 누구인가를 앎으로써 앎에 그치지 말고 선한 안목을 가지려는 자세와 옳고 그름에 대한 유지나 개선해 나가려는 의지가 무엇보다도 중요하다고 생각합니다.

어쩌면 이 선과 악 또는 옳고 그름의 유지 및 개선해 나가는 과정이야말로 행복을 추구하는 과정이라 할 수도 있을 것 같습니다.

'나는 누구인가?'에 대한 물음은 자신에게 스스로 묻고 대답하는 과정에서 생긴 자기애를 통한 자기관리의 출발이라는 생각이 듭니다.

살아가면서 이렇게 사유를 통한 철학적 자기관리는 곧 인문학의 실천적 삶이라고 할 수 있을 것이며, 지적 정서적으로 윤택한 삶을 만드는 초석이자 살아가는 이유가 될 수도 있겠다는 생각이 듭니다.

문화
저축

위기 상황에 대비하거나 경제적으로 풍요로운 삶을 영위하기 위하여 저축을 해본 적은 있었어도, 문화를 저축해야 한다는 생각을 한 적은 단 한 번도 없었습니다.

문화 저축이라는 말 자체가 제겐 신선한 충격으로 다가왔습니다.

문화 저축!

요즘말로 참 신박한 표현이라고 생각했습니다.

사람의 가치관을 바꾸고 모르는 사이에 조금 조금씩 변화시키기에 가장 쉬운 방법이 문화적 습득인 것 같습니다.

어릴 적 별다른 생각 없이 보여 줬던 발레공연이 청소년이 되어서 발레를 잘하고 싶다는 욕망을 불러일으키게 되고 실제로 강의실에서 발레를 배우고 있는 모습으로 선한 영향을 미친다는 것을 경험을 통해 가까이서 볼 수 있었습니다.

이러한 문화를 저축하는 일은 개인은 물론 사회 국가적 성장·발전 요소에 있어서도 매우 중요한 일이라고 생각합니다.

풍속이나 풍습, 결혼 문화, 음식 문화, 공연 문화 등이 세대별로 구분되거나 세대를 통합할 수 있는 힘이 될 수 있고, 국경을 뛰어넘어 귀화할 정도로 한 사람의 인생에서 매우 중요한 일익을 담당하고 있다고 생각됩니다.

북한 이탈자 중에 한국의 드라마를 보면서 사회상을 엿볼 수 있었고 속으며 살아왔다는 것을 알게 되어 대한민국에 가서 살기로 결심했다는 사례만 보더라도 문화가 얼마나 어느 사회나 문화를 이해하거나 세뇌시키기 쉬운지 새삼 알게 됩니다.

드라마에서 개인 정보를 캐기 위해 개인의 생활 쓰레기통을 뒤지거나 종량제 쓰레기봉투를 헤집고 있는 모습에서도 개인 문화를 알아내기 쉽기 때문이며, 유엔 제재로 인해 단절된 북한의 생활상이나 소식을 캐내기 위해서 백령도 해안가에 떠밀려온 생활 쓰레기를 관찰·분석하고 있는 모습들을 뉴스를 통해 들으면서, 분단국가에서만 보고 들을 수 있는 특수한 형태의 정보파악문화 내지 조사문화라는 생각을 할 수 있었습니다.

우리가 여행길에서 우연히 먹었던 맛을 기억하고 잊지 못해 힘들어하는 경우나, 임신 후 입덧을 할 때 다른 것은 못 먹어도 유독 한 가지 음식은 먹을 수 있어 집착을 하게 되고, 생각나는 먹고 싶은 음식을 먹지 못해 괴롭거나 음식에 대한 그리움이나 향수를 느끼는 것 등은 인간들에게 있어서 음식 문화가 얼마나 중요한지 생물학적으로 증명하는 셈이기도 합니다.

그러고 보니 우리 엄마가 경제적 지원은 부족했어도 문화 저축은 제공해 주셨던 것 같습니다. 어릴 적 문화 저축을 해주신 덕분에 현재의 내가 있다는 결론에 이르자 갱년기 즈음 올라왔던 엄마에 대한 섭섭했던 마음이 봄눈 녹듯 사르르 없어집니다.

시골이었지만 구성지게 고전문학을 읽어 주시던 큰어머니의 독서 문화도 맛보게 해주시고 어쩌다 만날 수 있는 유료서커스 관람을 시켜 주셨고 억척같은 짠순이 생활 성공담을 담은 바닷가 무료영화 상영도 해마다 여름이면 관람시켜 주셨습니다.
매일 엄마와 함께 라디오 연속극을 듣는 재미도 느끼게 해주셨고 여름방학 겨울방학 때마다 서울로 보내 대도시 생활 문화 경험을 하게 함으로써 좁은 시골구석에서 비교적 쉽게 벗어날 수 있는 넓은 시야를 만들어 주셨던 것 같습니다.

무엇보다도 전축 엘피판으로 음악을 선택해서 들을 수 있었고, 아름다운 자연경관에 무방비로 노출된 어린 시절은 삶 자체가 여

사회에서 배우다

행이나 마찬가지였으며, 자연적으로 관광지에서 관광 문화에 익숙한 삶이 되었다고 할 수 있는 좋은 추억들 모두 문화 저축 시간이 되었던 것입니다.

이렇게 문화 저축 통장을 들여다보니 봄눈 녹듯 원망도 감사함으로 순식간에 만드는 힘이 문화 저축에 있다는 것을 경험한 속내를 털어 새삼 알게 됩니다.
경제적으로 어려웠던 시기임에도 불구하고 제 문화 저축 통장에는 제법 많은 저축이 되어 있어 살아가면서 야금야금 꺼내 쓸 수 있었다는 것을 이제야 깨닫게 된 것입니다.

삶의 질을 높이는 가장 쉬운 방법이 문화 저축이라고 생각합니다.
좋아하는 음악을 실컷 들을 수 있고 좋아하는 화가의 그림을 전시회에서 만나는 기쁨 등은 삶에 활력을 줄 뿐만 아니라 사고의 폭을 넓히는 좋은 기회를 제공해 줍니다.

두 아들 수험생 시절에는 시간적 여유가 없으니 다양하고 질 좋은 음식 문화를 경험하게 함으로써 스트레스를 줄이는 전략을 세워 실천했으며, 지금은 엥겔지수를 줄여 문화비에 투자하려고 하는 이유도, 문화 저축을 통해 좀 더 다른 세상을 경험함으로써 좀 더 폭넓은 사고와 가치관을 지닌 성인으로 성장했으면 하는 바람을 담았기 때문이었습니다.

이러한 생애 문화 저축 통장은 삶에서 무료하거나 힘들 때 가끔씩 꺼내 보면 위로와 위안을 받을 수 있다는 것을 경험을 통해 알게 되었습니다.

이제 어머니로부터 받은 문화 저축 통장은 유물이 되었으니, 이제부터는 자신의 의지가 담긴 문화 저축 통장을 만들어 나가야겠습니다.

문화를 저축하는 과정을 통해 삶의 의미와 즐거움도 맛볼 수 있고 미래 준비도 된다면, 이만한 성공을 보장하는 좋은 투자는 더 이상 없을 것 같습니다.

문화 저축은 미래의 직업을 결정짓는 과정에서도 중요한 역할을 해 줄 것이며, 문화 저축 통장의 다양한 내역은 자신의 역사가 될 수도 있으므로, 경제 저축 통장과 더불어 삶의 윤활유이자 오아시스가 되어 줄 것입니다.

사회에서 배우다

관계를
생각하다

사회에서 배우는 것 중에 제일 새로운 부분은 인간관계인 것 같습니다.

교직 사회는 처음부터 서로 비슷한 교육관이나 교육 가치관과 교육 목적을 가진 사람들끼리 모인 집합체라 별다른 노력 없이 서로 쉽게 이해할 수 있었습니다.

새로운 인간관계라야 1년에 한 번 새 학기에 만나는 반 아이들과 학부모님들이니, 모두 설렘 속 희망을 갖고 시작되는 인간관계라 좋은 마음이 앞서, 그 결과 또한 당연히 서로 좋을 수밖에 없는 관계였습니다.

반면 사회활동 속에서 만나는 인간관계는 서로 다른 환경 속에서 살던 사람들이 서로 다른 목적을 가지고 시작되는 관계가 대부분이므로, 그저 스쳐 지나가는 짧은 인연이나 아니면 서로 속내를 드러내고 이해를 주고받으면서 지속적으로 친분을 쌓아 가기도 합니다.

　　또는 별로 기대하지 않았던 만남이 뜻밖에 여행까지 함께하고 가끔씩 만나 밥도 먹는 좋은 인연으로 진전되기도 하고, 그래서 살아 볼 만한 재미를 느끼게끔 만드는 등 다양한 만남의 연속 속에 매우 다양한 인간관계가 성립됩니다.

　　학교 밖의 관계는 다양한 인간관계뿐만 아니라 기대하지 못했던 계절변화와의 만남, 꽃들과의 만남 등에서도 훨씬 다양한 관계성을 갖게 되어, 하루를 보내는 개인적인 시간의 밀도가 높을 뿐만 아니라 시간의 속도 또한 멈추고 싶을 만큼 빨리 지나가는 느낌입니다.

　　이렇게 학교와 사회에서의 인간관계는 서로 다르지만, 두 집단 모두 인간관계의 시작점이 매우 중요하다는 공통점을 가지고 있었습니다.

　　인간관계에서 가지는 가장 중요한 것은 시작의 관계입니다.

　　시작을 어떻게 하느냐에 따라 인간관계의 지속성과 함께 관계의 결말이 미리 정해지기 때문입니다.

사회문화 시간에 배웠던 귀속사회와 이익사회에서도 마찬가지로 어떻게 인간관계를 시작했느냐가 매우 중요합니다.

이익사회에서의 인간관계는 목적이 다르고 고통이 따를 경우 다소 손해를 감안하고 끊으면 그만이겠지만, 이 가족이라는 인간관계에 잘못 얽히면 평생을 담보로 수렁에 빠져 허우적거리게 됩니다.

옛날 어르신들 말씀에 '서울 가면 눈뜨고 코 베인다.'는 것처럼, 우리는 사회 속에 뛰어드는 것이 위험하다고 생각하겠지만, 어쩌면 태어나면서부터 가장 먼저 속하게 되는 가정이라는 테두리 속의 가족 관계가 가장 위험한 인간관계가 될 수도 있다는 것을 알아야 합니다.

사회 속을 관심 있게 들여다보니 의외로 주변에서 가족이라는 굴레 속에서 헤어 나오지 못하고 고통 받고 있는 경우를 흔히 볼 수 있었습니다.

가족이라는 아름다운 이름 아래 멍에를 씌워 꼼짝 못 하게 날개가 꺾이는 경우, 가스라이팅을 당하면서도 사랑이라는 미명 아래 참고 견디는 경우, 가족이 벼슬이 되어 밑 빠진 독에 물 붓기로 희생을 강요하고 당하는 경우가 많다는 것입니다.

더욱 심각한 것은 나르시시스트 부모 밑에서 평생 가스라이팅을 당하면서도 당하고 있는 줄도 모르는 경우가 있으며, 이보다 더 무서운 것은 자신이 나르시시스트 부모인지 모르고 평생 자식들의 등골을 빼먹으면서 부모의 권리인 줄 착각하는 부모들이 의외로 주변에 많다는 사실입니다.

이렇게 말을 거르지 않고 있는 그대로 솔직하게 쓰고 있는 이유는 우리 세대 이후의 부모들은 적어도 나르시시스트와 같은 인격 장애 부모는 되지 말자는 말을 하고 싶어서입니다.
"내가 너를 어떻게 키웠는데……. 나한테 이럴 수가 있니?" 이런 식의 말은 하지 않기로 우리 약속합시다.

우리보다 더 많은 사랑을 주고 경제적으로 풍요하게 지원해 주며 문화 저축으로 정서적 지원을 듬뿍 해준 부모님들도 매우 많습니다.
우리는 우리 아이들의 의견을 묻지 않고 이 세상에 데려왔으니 당연히 우리가 할 일을 한 것뿐이라고 생각합니다.

자식 교육만 필요한 것이 아니라 부모교육도 필요한 것 같습니다.
자식들에게 무시당하지 않고 존경받는 부모가 되려면 사회 돌아가는 현상이나 사회 변화는 물론, 새로운 사회가 요구하는 인간상들을 우리는 받아들여야만 한다고 생각합니다.
이것이 평생 공부요, 배워야만 하는 이유입니다.

기성세대들이 다음 세대들의 사고방식과 행동들을 이해하고 변화를 받아들이는 시작이야말로, 세대 간의 격차를 줄이고 동행할 수 있으며, 결국 상생할 수 있는 실마리가 될 수 있을 것입니다.

불법을 공부하다 보니 자녀가 부모를 선택해서 이 세상에 온다는 이야기가 있었습니다.

이 말의 진위는 잘 모르겠고, 다만 지나온 삶을 대입해서 생각해 보면, 우리 어머니께 전생의 빚을 갚으러 온 것 같으며, 이제 그 빚을 어느 정도 청산한 상태라 마음이 홀가분하다고 표현할 수 있을 것 같습니다.

게다가 자식들도 전생의 빚을 받으러 온 듯하며, 이제 자식들에 대한 전생의 빚도 어느 정도 갚은 느낌이 듭니다.

이렇듯 부모나 자식에게 전생의 빚을 청산할 수 있는 것만으로도 감사할 일이고, 누군가에게 또다시 큰 빚을 지지 않고 자수성가할 수 있다면 그것도 매우 감사한 일입니다.

이제는 앞으로 살아감에 있어서 누군가에게 마음 빚이나 경제적 빚 없이, 조금씩이라도 베푸는 삶이 될 수 있어야 할 것입니다. 다음 생이 있다면 그곳에서만큼은 채무관계에서 벗어나 서로를 보듬고 사랑을 주고받는 부녀관계, 모자관계가 되기 위해선 '베푸는 삶'이라는 인생 저축이 필요한 것입니다.

배운 것이 '가르치는 일'이라서 지금 제가 할 수 있는 최선은 사회에서 배우고 터득한 잡다한 '관계'에 대한 잔상들을 문자화 시키는 일이라는 판단이 섭니다.

혹시라도 지금 이 순간까지 가스라이팅을 당하며 괴로움 속에 묻혀 계신 분들이 계신다면 주저하지 마시고 잠시라도 좋으니 관계를 끊어 보시길 권합니다.

가스라이팅의 해법은 관계를 끊어야만 한다는 전문가의 조언이 있으므로 결단력 있게 행동으로 옮겨 보시기 바랍니다.

자식들에게도 부탁드립니다.

인간관계는 서로 주고받을 수 있는 관계가 가장 이상적이고 행복한 관계라는 생각이 듭니다.

부모라고 해서 끝없이 베풀어야만 한다는 사고방식의 세상은 이미 과거일 뿐입니다.

정신적이든 물질적이든 간에 받은 만큼 되돌려 주는 관계가 합리적인 관계 형성이 될 수 있다고 봅니다.

다행히 부모가 있어서 베풀 수 있다면 무척 좋겠지만, 부모님 은혜 갚는 것을 떠나서 상황이나 경우에 따라서는 자식이 부모님께 드리는 즐거움도 매우 큽니다.

자식들도 드리는 뿌듯한 기쁨을 더 늦기 전에 맘껏 느껴 보시기 바랍니다. 경제적 여유가 없으면 정신적, 정서적 나눔이라도 먼저 실천해 보시기 바랍니다.

주거니 받거니 이런 인간관계야말로 가장 이상적인 인간관계라 할 수 있을 것입니다.

부모 자식 관계에서 시작된 나눔이야말로 자연스러운 습관으로 형성되어, 사회에서 타인과의 관계 형성에서도 선한 영향력을 줄 것임은 분명합니다.

좋은 인간관계를 형성하고 유지하려면 감사함을 수시로 표현하는 것 또한 중요합니다.

조심해야 할 부분은 주는 사람이나 받는 사람 모두 당연한 것으로 받아들여, 의무나 권리로 착각해서는 절대 안 된다고 생각합니다.

어떤 경우나 어떠한 인간관계에서도 진심 어린 마음을 담아 전하는 "감사합니다."란 말은 상대의 꽁꽁 얼어붙은 마음을 녹이는 불씨가 될 것이며. 삶을 싹 틔우는 행복 씨앗이 되어 줄 것입니다.

이 글과 인연이 된 분들은 인간관계의 처음을 잘 시작하셔서, 부디 좋은 싹 틔워 내 좋은 결실 맺으시길 바랍니다.

아는 게 아는 것이
아님을

반려식물을 키우면서 경험을 통해 아는 게 아니라는 것을 알게 되었습니다.

지금 알게 된 새로운 사실은 극히 일부분일 뿐, 대상의 어느 일부만을 보고 전부를 아는 것처럼 말하는 것은 모르는 것이나 마찬가지라는 것을 알게 되었습니다.

예를 들자면 식물 브룬펠시아 재스민에 대해서 안다고 할 때는, 적어도 수년간을 지켜보면서 싹이 트고 잎이 나서 자란 후 꽃이 피고 지는 상황을 통해, 매년 똑같이 반복적인 상태로 보이는 사실들을 종합해서 공통적인 사실들을 도출해 알게 된 것과 병이 든 잎이나 시들어 죽어 가던 나무가 회생하는 등 아주 특별한 사

사회에서 배우다

실들을 경험을 포함해서 알고 있고, 여기에 전문서적을 통한 지식과 식물전문가의 전문적 지식도 함께 지니고 있어서, 이러한 모든 것을 통합한 지식을 종합해서 표현할 수 있을 때 비로소 조금 안다고 말할 수 있다는 것을 터득하게 되었습니다.

왜 조금 안다고 말하느냐면 한 그루의 나무를 안다고 해서 이것만으로는 일반화시킬 수는 없기 때문입니다.
이 브룬펠시아 재스민이 자라고 있는 우리 집 환경과 다른 집의 환경이 다를 수 있고, 우리나라와 다른 나라의 환경이 다를 수 있기 때문에, 자신이 알고 있는 브룬펠시아 재스민에 대한 지식이 편협된 지식이 될 수도 있는 것입니다.

그렇기에 환경과 장소와 시간이 다를 경우와 여러 그루의 브룬펠시아 재스민과 다양한 종의 재스민을 다년간 관찰 습득하고 난 후라야, 적어도 브룬펠시아 재스민을 알 것 같다고 말할 수 있다고 생각됩니다.
그래서 '벼는 익을수록 고개를 숙인다.'고 하는 것인가 봅니다.

반려식물인 브룬펠시아 재스민 잎이 병들어 강제로 떼어 준 앙상한 재스민 가지에 좁쌀만 한 보랏빛 싹이 여기저기 봉긋봉긋 돋아나고 있었습니다.
어느 정도 브룬펠시아 재스민에 대해서 알고 있다고 생각하고 있었는데 아직도 새로운 사실들이 일어나고 있었습니다.

꽃일까, 잎일까, 아무리 들여다보아도 처음 보는 상황이라 아리송합니다.

해마다 지금쯤 꽃이 필 때였으니 꽃이 필 것 같았습니다. 보랏빛 꽃이 피니 보랏빛 싹은 꽃 싹일 것만 같았습니다.

한편 '브룬펠시아 재스민은 잎들에 둘러싸여 살포시 잎에 내려앉은 것처럼 피는데, 잎이 없이도 꽃이 필 수 있을까?'하는 의문점도 다시 생겼습니다.

일단 보랏빛 좁쌀 모양 싹은 보랏빛 꽃이 될 거라는 결론을 셋이서 먼저 내려놓고 꽃이 피기를 기다렸습니다.

며칠이 지난 어느 날 베란다에 있는 브룬펠시아 재스민 보랏빛 순은 자라나 보랏빛을 띤 잎이 되어 있었습니다.

우리 세 명의 예측은 틀렸으며 브룬펠시아 재스민에 대해서 잘 모르고 있는 것이 분명하다는 사실을 인정하고 싶지 않지만 인정해야만 합니다.

이 잎은 다시 잠자리 날개처럼 펼치면서 연두 잎이 되었으며 점점 초록빛 잎으로 변해 가고 있는 중입니다.

해마다 이맘때쯤 보랏빛 꽃이 흐드러지게 피어 눈과 코를 유혹하더니 올해는 한 송이도 피지 않고 잎을 돋아 내느라 고전 중인 듯합니다.

이런 상태에서 과연 올해도 꽃을 볼 수 있을지 매우 궁금해집니다.

사회에서 배우다

아파트 관리사무소에 있던 브룬펠시아 재스민은 5월에도 꽃이 피어 있었으니 희망을 버리지 않고 꽃필 날을 기다려 볼 생각입니다.

우리 집 브룬펠시아 재스민은 해마다 3월 초 이른 봄, 꽃이 귀할 무렵에 태어나 더욱 기쁨을 줬었는데 '내년부터 개화 시기가 늦어지면 어쩌나…….'하는 걱정이 앞서기도 합니다.

참, 일어나지 않은 일을 미리 걱정하지 말자고 다짐했었지…….

여기서 '브룬펠시아 재스민은 잎이 있어야 꽃이 핀다.'는 단순하지만 놀라운 사실을 새롭게 터득했습니다.

이틀 후 베란다에서는 기이한 현상이 벌어지고 있었습니다.

아! 이래서 나무줄기에 예전과 다른 보랏빛 좁쌀 뭉치처럼 봉긋봉긋 솟아 있었구나!

전에는 잎이 떨어진 곳에서 잎만 돋아났었는데, 잎을 강제로 떼어 낸 나무줄기에서는 또 다른 나무줄기가 서너 줄기씩 기세등등 올라오고 있었으며, 그 가지마다 잎이 서너 장씩 돋아나고 있으니, 만물이 생동하는 이 봄을 집안에서 만끽하는 중입니다.

나무를 가지치기했더니 급하게 새순이 올라와 이것이 나뭇가지가 되고 잎이 돋아난다는 것은 이미 수차례 직접 목격한 바 있지만, 이렇게 잎을 떼어 낸 자리에 어린잎을 동반한 새 가지가 우후죽순으로 돋는다는 사실은 또 다른 배움의 자리가 됩니다.

자연스럽게 잎이 떨어진 것이 아니라 강제로 떼어 냈으니, 잎이 떨어지면서 나뭇가지에 상처가 났을 테고, 이 상처는 가지치기한 효과가 있었나 봅니다.

여기서 또 다른 의문점을 갖게 됩니다.

지난 가을이나 겨울에 강제로 떼어낸 잎들에서는 새 가지와 새 잎이 돋아나지 않았었는데, 계절적으로 봄이라서 돋아나는 것인지, 아니면 절기상 2월에 윤달이 들어서 이러한 현상이 일어나는 것인지, 아니면 잎들이 한해만 살아 낸 것이 아니라 2~3년 살아 낸 묶은 잎이라서 그 자리에 새 가지가 자라면서 잎이 나고 있는 것인지, 가지가 묵을 만큼 묵어 적당한 굵기의 나뭇가지로 자라서 성장했기 때문에 새 가지가 나올 때가 되어서 나온 것인지 궁금해집니다.

이러한 가설들을 세워 식물에 대한 연구 설계를 한다면 재미있는 결과물이 될 수 있을 것 같습니다.

또한 여기서 '브룬펠시아 재스민은 가지에 상처가 나면 잎이 달린 새로운 가지가 돋아난다.'는 사실을 새롭게 터득한 매우 의미 있는 배움이 있었습니다. 이것을 다른 꽃나무까지 일반화시킬 수 있을지는 좀 더 알아봐야겠습니다.

갑자기 브룬펠시아 재스민에 대해서 궁금해지는 것도 많아지고 모르는 것도 많아집니다.

올봄 브룬펠시아 재스민이 가지 뻗기로 급격한 변화를 겪고 있으니, 이 변화를 받아들여 이해하고 관찰을 통해 새로운 사실을 도출해 내는 과정 또한 왕성한 사유과정을 거쳐야만 할 것입니다.

이렇듯 아는 게 아는 것이 아님을 알게 되었습니다.
동시에 살아 있는 모든 것들은 변화를 겪게 되므로 '안다는 것
은 끊임없는 변화를 이해하는 것.'이기도 하다는 제법 그럴싸한
새로운 문장을 스스로 만들어 문자화시키는 이 순간을 즐기면서,
자연은 참 스승임을 다시 한번 확인하고 있습니다.

다시 말해 '진실로 안다는 것은 끊임없는 변화를 이해하는 과
정'이라는 문장을 만들어 내서 명제를 도출해 낼 수 있는 지금 이
순간은, 스스로 터득한 배움의 기쁨을 만끽하는 순간이기도 한,
더없이 소중하고 감사한 시간입니다.

덧붙여 설명하자면 지금 알고 있는 지식이 지금은 세모이지만
내일이면 네모가 되고, 사유를 통해 앎이 축적되고 모순된 지식
이나 그릇된 지식을 보완함으로써 1년 후면 동그라미가 될 수도
있다고 생각합니다. 한마디로 지식도 변화한다고 생각합니다.

오늘은 어떠한 앎의 대상에 대해서 세모처럼 뾰족한 지식으로
이해하고 있다면, 내일은 뾰족함이 조금 완화된 네모 같은 지식으
로 변하게 되고, 점점 시간이 지남에 따라 둥글고 원만한 보편적인
지식으로 알아 가는 과정, 즉 앎의 과정을 세모, 네모, 동그라미로
모양이 변하는 것처럼 지식의 변화로 표현할 수 있을 것입니다.

지금 알고 있는 것이 참이나 거짓이라서가 아니라 사회가 변하듯이 그 사회 속에서 살아가고 있는 사람들의 가치관이나 신체, 요구 등이 변화하듯이, 사회 속의 모든 현상들이 변화하므로, 그에 따른 앎도 변하게 되는 것입니다.

브룬펠시아 재스민이 변화를 겪듯이, 그래서 제가 브룬펠시아 재스민에 대해 알았던 것 같은데 모르고 있었던 부분이 있었다는 것을 안 것과 앞으로도 브룬펠시아 재스민이 변할 것이므로 제가 알고 있는 지금의 지식보다 더욱 풍부한 지식을 알게 될 것이라는 것도 이젠 알 수 있는 것처럼, 알고 있는 것은 변하는 것이며, 아는 게 아는 것이 아님을 깨닫게 되었습니다.

앎이 앎에서 끝나지 않고 끊임없는 사유를 통해, 보편적인 가치와 거짓이 아닌 참이라는 가치를 도출해 내는 과정에서 생긴 결과물이, 언제 어디서 누구에게나 공감대를 형성할 수 있고 뜻이 통하며, 오랜 세월이 지나도 변함없이 통용될 수 있고 적용할 수 있는 진실한 가치를 담아 말할 수 있는 지적인 상태일 때 비로소 그 사람은 안다고 할 수 있을 것입니다.

그러니 모른다고 해서 기죽을 필요 없고, 조금 안다고 해서 또는 남보다 조금 빨리 알았다고 해서 우쭐할 필요가 없다고 생각됩니다. 다만 중요한 것은 배움이 느리더라도 천천히 또는 조금씩이라도 평생 배운다는 자세로 알아 감이 중요한 것 같습니다.

사회에서 배우다

알아야 삶에서 조금이라도 오류를 줄일 수 있고 불확실한 미래도 대비할 수 있으며, 함께 공동의 가치를 추구할 때 불안하지 않습니다.

경험상 모르는 것이 약일 때보다는 아는 것이 힘이 될 경우가 더 많았습니다.

벼는 익을수록 고개를 숙인다는 말과 일맥상통하는 '조금밖에 모르는 사람이 말이 많다. 많이 아는 사람은 침묵을 좋아한다.'는 J. J. 루소의 명언이 새삼 가슴에 새겨지는 오늘은 2023년 3월 15일 목요일 12시 7분입니다.

저는 지금 《사회에서 배우다》를 엮으면서 여러 배움의 과정을 거치면서 사유하는 동안, 아마도 지금 배우는 즐거움의 절정을 경험하고 있는 듯합니다.

따라서 "안다는 것은 끊임없는 변화를 이해하는 것이며, 진실로 안다는 것은 끊임없는 변화를 이해하는 과정이다."라고 교육학자로서 감히 말씀드립니다.

"안다는 것은 끊임없는 변화를 이해하는 것입니다."
"진실로 안다는 것은 끊임없는 변화를 이해하는 과정입니다."

앎의
기쁨

와 이게 된다고?
와 정말 되는구나!

'아는 게 아닌 것이 아님을'이란 주제로 글쓰기를 마친 날 밤 만감이 교차하는 마음으로 잠을 못 이루고 뒤척이며 새벽을 맞았습니다.

사색(어떤 것에 대해 깊이 생각하고 이치를 따져 봄)과 **사유**(대상을 두루 생각하는 일)를 통한 결과물을 도출해 내는 일은 고대 그리스 철학자들이나 천재 철학자들이 할 수 있는 것으로만 생각했었는데, 저 같은 보통사람들도 오랜 시간 투자하면 사색과 사유를 통해서

사회에서 배우다

몰랐던 새로운 사실을 도출할 수 있다는 것을 알게 되었습니다.

무엇인가를 새롭게 알아 간다는 것은 설렘이고 행복입니다.
희미하고 뒤죽박죽이었던 머리가 맑아진 느낌이고 없었던 용기도 새롭게 생기는 것 같습니다.

"안다는 것은 끊임없는 변화를 이해하는 것입니다."
"진실로 안다는 것은 끊임없는 변화를 이해하는 과정입니다."
이러한 새로운 사실을 알기 전과 알고 난 뒤의 삶이 크게 달라지는 것은 없겠지만 적어도 스스로의 판단에 대한 자신감과 함께 자존감은 높아질 것 같습니다.

모든 것들이 변화함으로 변화된 새로운 것들을 더 배워야 하는 당위성도 생기는 것입니다.
변화하는 환경 속에서 더 좋은 판단이나 결정을 내리기 위해서는, 변화를 받아들이는 마음도 변화해야 하며, 내 자신이 좋은 방향으로 변화하기 위해서는 끊임없이 사색과 사유를 통한 철학적 사고가 바탕이 되어야만 한다는 것도 깨닫게 되었습니다.

이젠 무엇을 어떻게 공부해야 하는지에 대한 답을 얻었으니 꾸준히 노력하는 일만 남았는데, 이 꾸준한 노력이 어려운 것 같습니다.
이젠 바닥을 치던 자존감이 조금 생기는 듯합니다.

불확실한 미래에 대한 두려움도 점점 없어지는 것 같습니다.

가끔 배포가 크다는 이야기는 들었지만 이젠 겁까지 없어지면……. 어찌하오리까. 하하.
앞으로는 말수도 줄이고 말보다는 행동이 앞서는 삶을 살아야겠다는 명확한 삶의 방향이 정해지고 나니, 더욱 설레고 기대되는 내일이 기다려집니다.

내일은 또 어떤 배움의 즐거움이 기다리고 있을는지…….
몰랐던 것을 안다는 것은 기쁨입니다.
앎의 과정이 곧 기쁨입니다.
앎의 기쁨을 맘껏 누릴 수 있는 내일이 오기를…….
앎의 기쁨을 모두 함께 공유하고 함께 느낄 수 있는 내일이 어서 오기를 고대하고 있습니다.

한정된 재산은 네가 갖게 되면 내가 소유할 것이 줄어들게 되지만, 앎의 기쁨은 함께 공유하면 두 배, 세 배의 기쁨으로 불어나게 됩니다.
물적 재산은 있다가도 없고 없다가도 있을 수 있지만 앎의 기쁨은 평생 함께 갈 수 있는 지적 재산이자 시간이 지나면 지날수록 지혜로 거듭나는 평생 보물 중의 보물이 될 것입니다.

기다리면
됩니다

또 한 해가 가고 겨울 지나
이젠 완연한 봄입니다.
아직 쌀쌀하지만 햇살 퍼지는 아파트 정원에도
봄꽃들이 옹기종기 정겹습니다.

정원 벚꽃도 꽃망울을 터트리기 시작한 지 3일째 됩니다만
우리 집 베란다 정원 브룬펠시아 재스민은
혹독한 긴긴 겨울을 이겨 내느라
힘들었나 봅니다.

해마다 이맘때쯤이면

기다리면 됩니다

229

흐드러지게 피어 꽃향기로 혼미하게 만들더니
올핸 보랏빛 잎눈에서 새싹 잎을 틔워 내느라
유난히 분주한 듯합니다.

묵은 잎은 한 잎도 남김없이
산뜻한 초록빛 새 옷으로 갈아입었습니다.
모두 스스로 떨구어 내고 몇 장만 남은 잎을
제가 강제로 떼어 내주었기 때문입니다.

유난히 훌쩍 키가 자란 가지에서
돋아난 어린잎도 자세히 보니 꽃처럼 예쁩니다.
사람처럼 식물과 동물도 어리면
모두 예쁘다는 걸 다시 한번 확인하게 됩니다.

조금 느리다고 조급해할 필요가 없다는 것을 이젠 알겠습니다.
모든 것들은 때가 있는 법이니까요.
조금 잘한다고 해서 우쭐해서도 안 될 일입니다.
모든 것들은 때가 있는 법이니까요.

성공해 본 사람들은 알고 있습니다.
운이 조금 좋았을 뿐이라는 것을.
성공한 사람들은 알고 있을 것입니다.
이 성공이 영원하지 않다는 것을.

사회에서 배우다

실패가 성공을 더욱 빛나게 하고
어둠 속 한 줄기 빛이 커다란 희망을 주듯
긴긴 장마 속 쨍하고 해 뜬 날이 더욱 반갑듯이
그렇고 그런 날들 중에 행복의 기쁨은 더욱 크다는 것을
우리들은 이미 너무도 잘 알고 있습니다.

재스민 잎이 자랄 만큼 자라
열심히 색소를 만들어야만
보랏빛 꽃을 내고 향기를 뿜을 수 있다는 것을,
그래서 기다려야만 한다는 것을 지금에서야 알았습니다.

하물며 사람이야
몸과 마음에 정신까지 꼭꼭 여물어야만
인생 꽃을 피울 수 있을 테니
오죽 힘들겠습니까?

누군가의 정성과 함께 속이 문드러지고
시간이 흐르고 흘러 땀범벅 되어
어디선가 천둥 번개에 정신이 번쩍 든 후라면,
이젠 때가 되었노라 말할 수 있겠습니다.

그러니 더디다고 노여워하지 말고

조금 빠르다고 너무 좋아하지도 말 것이며
그저 사람마다 좋은 때가 조금씩 다르다는 것을
인정하면 된다고 봅니다.

긍정적인 마음으로 기다리면 됩니다.
웃으면서 기다리면 됩니다.
부지런히 노력한 만큼 됩니다.
지혜롭게 기다리면 됩니다.

드디어 그 좋은 때가 오면 웃음꽃 인생 꽃 활짝 피우시면 됩니다.
브룬펠시아 재스민에게 보랏빛 꽃피듯이,
참고 기다리면 언젠가는 우리들의 삶에도
제비붓꽃 같은 행운꽃이 다가와 방글방글 웃어 줄 것입니다.

전국 방방곡곡에서 분홍빛 화사한 벚꽃 소식 들려오듯이
머지않은 올해 안에 우리들 스마트폰에서도
기다리고 기다리던 한 방에 인생 꽃피는
스마트한 소식들 시원시원하게 들려 올 것입니다.

그새 또 시간은 흘러 3월 말
　집안 회색 벽지는 화사한 붉은 모란꽃 액자로 가리고 거실엔
사람꽃들이 북적 북적거리고
　브룬펠시아 재스민 잎사귀 끝에는 볼록볼록 봉긋하게 초록이

사회에서 배우다

부풀어 오른 걸 보니

열흘 정도만 더 기다리면 혼자가 아닌 여럿이 재스민 향기까지
즐길 수 있을 것입니다.

이렇듯 기다리면 됩니다.

잘 기다리면 됩니다.

마음 비우고 기다리면 됩니다.

마음의 여유를 갖고 때를 기다리면 언젠가는 좋은 때가 반드시
옵니다.

조급함도 답답함도 내려놓고

어우렁더우렁 금수강산 꽃놀이 책 놀이 즐기면서

팡팡 터트릴 불꽃놀이 준비하고 있겠습니다.

무한감사 또한 잊지 않고 마음 단단히 챙기면서 살 일입니다.

가장 큰
배움

사회에서 배운 것 중에 가장 큰 가르침은 마음공부입니다.
마음공부야말로 우리 인생을 꽃피우는 행복꽃이었습니다.

들꽃이면 어떻습니까?
제 마음속에 마음 꽃 행복꽃 피웠으니, 설사 어쩌다 가시밭길을
걷는다 해도 꽃이 흐드러지게 피어난 꽃길을 걷는다는 마음 하나
면 만족할 수 있도록 마음공부를 부지런히 해야겠다는 생각입니다.

평생 마음공부하셨을 설악 무산 스님께서는

"나아갈 곳이 없다 물러설 곳도 없다.

둘러봐야 사방은 허공 끝없는 낭떠러지
우습다
내 평생 헤매어 찾아온 곳이 절벽이라니.

끝내 삶도 죽음도 내던져야 할 이 절벽에
마냥 어지러이 떠다니는 아지랑이들
우습다
내 평생 붙잡고 온 것이 아지랑이더란 말이냐.”

라는 글을 남기셨습니다.

낙산사에서 해수관음보살상을 뵙고 보타전으로 내려오는 길에서 왼쪽으로 살짝 꺾어 내려가면 바로 낭떠러지 절벽에 부도가 있습니다.

낭떠러지 절벽일지언정 스님들께서는 고귀하신 사리로 영원히 중생들을 일깨워 주실 분들이면서도, 평생 화두의 끝을 아지랑이로 표현하셨습니다.

낭떠러지 절벽이라도 개인적인 견해로 우리나라에서 가장 아름다운 설악산과 오봉산이요 앞에는 망망대해 동해 바다라, 풍수지리를 잘 모르는 저도 그야말로 배산임수의 명당 중 명당 안에 들어 계심을 느끼면서 저절로 감사의 합장을 하게 됩니다.

마음공부를 어떻게 해야 하는지도 모르고 있는 제게 설악 무진 스님의 '마음을 보여 주신 시'는 많은 시사점들을 던져 주셨습니다.

아지랑이나 바람이나 무엇이 다를 것이 있겠습니까?

평생 잡을래야 잡을 수 없는 아지랑이나 바람처럼, 제가 하는 마음공부야말로 아지랑이요 바람인 것 같습니다.

하지만 평생 잡을 수 없다 해도 아지랑이와 바람은 그래도 볼 수 있고 느낄 수 있으니 얼마나 감사한지 모르겠습니다.

그저 어쩌다 잠시 잠깐씩 볼 수 있고 느낄 수 있으면 될 일이지, 더 바란다면 제게는 지적 사치일 것 같습니다.

다행하게도 제가 운 좋은 사람이라 무진 스님의 시와 인연이 되어 평생 안개 속에서 허우적거리지 않고 햇살 속을 거닐 수 있어서 좋고, 운이 좋은 사람이라 봄날 따스한 햇살 받으며 대지를 걸을 수 있어 피어오르는 아지랑이로 좋은 땅 기운 듬뿍 느끼고 받을 수 있어서 좋습니다.

운 좋은 사람이라 바람결에 흔들리는 나뭇잎과 바람결 따라 꽃 내음 물씬 풍기는 꽃길을 걸으면서 바람을 느낄 수 있으니 이만 하면 행복하다고 말할 수 있겠습니다.

인생 자체가 고통의 연속이라고 해도 과언이 아닐진대 무엇보다도 가장 운이 좋다고 생각되는 점은 힘든 삶 속에서도 불법과 인연이 되어, 스님들의 평생 마음공부하신 위대한 깨달음과 가르

사회에서 배우다

치심을, 짧은 시간에 글로 표현하신 마음을 앉아서 편하고 쉽게 배울 수 있다는 감사한 사실입니다.

너무나 감사한 일이기에 될 수 있으면 귀한 말씀 가슴에 새겨, 한마디도 빠짐없이 있는 그대로 받아들일 마음의 준비 자세를 취하고 있습니다.

귀한 말씀을 조금 더 빨리 이해해서 받아들이고 싶어 좀 더 마음을 깨끗하게 비우고 열심히 닦아야겠다는 생각도 듭니다.

그분들의 말씀에 군더더기 토 달지 않고, 이해되지 않는 부분은 몇 번이라도 읽고 또 읽어 무엇을 말씀하시려는지 이해해 보려고 하고 있으며, 그래도 이해가 되지 않는다면 지금은 '내 그릇이 이것밖에 안 되는구나!' 느끼면서 '언젠가는 알 수 있겠지'하는 느긋한 마음으로 서두르지 않으니 모른다 해도 예전처럼 스트레스 받을 일도 없습니다.

앞으로는 막연하고 막막할 때 아지랑이나 바람처럼 잠시 보고 느낄 수 있을 것이라는 생각만으로도 삶에 커다란 위안이 되어줄 것임은 틀림없는 사실이 될 것입니다.

오늘부터 막연했던 마음공부 목표가 좀 더 명확해진 듯합니다.

이런 생각을 하는 잠깐 사이에 마음이 한결 가벼워짐을 느낍니다.

브룬펠시아 재스민에서 연두 잎이 싹 트듯, 보랏빛 꽃이 피게

될 초록 꽃눈이 싹 트듯이, 고단한 사람들에게도 쉽게 행운의 싹
이 트인다면 정말 좋을 것 같습니다.

운이 좋은 사람이었으니 앞으로도 불심으로 살아간다면 더욱 대
박 나는 운이 트일 것이라는 자성 예언을 하면서 크게 웃습니다.

사회에서 배우다

마음
하나

10년 전 난생처음 마음이 답답하고 억울하고 아파서 잠이 오지 않았습니다.

학부모로서 어처구니없이 당해야만 했던 사건들과 친구라 믿었던 고향 동기에게조차 발등 찍히고 배신감, 화, 불신, 허탈감, 허무 등으로 힘들었으며, 아무리 잊으려 노력을 해도 노력하면 할수록 더욱 선명하게 되살아나는 기억들로 인해 화병이 날 정도였습니다.

그 후로도 가끔 여전히 마음이 힘들었습니다.

10년째 마음 비우는 작업 중입니다.

온갖 방법을 동원해서 마음을 비우려고 애써 보았으나 모두 허사가 되어 버렸습니다.

모두 잊었나 싶으면 되살아나고 마음을 모두 비웠다 싶으면 여전히 답답하게 채워져 있었습니다.

마음 비우기는 끊임없는 자신과의 싸움이며 제가 건강하게 살기 위한, 살아가야 하는 이유이기도 한 것 같아 포기하지 않고 언제가 될지는 몰라도 끝까지 비워 보려고 단단히 각오하고 있는 중이었습니다.

그러던 어느 날, 2023년 낙산사 홍련암이 찍어 낸 달력에서 설악 무산 스님의 시와 인연이 닿았습니다.

"그 옛날 천하장수가
천하를 다 들었다 다 놓아도

한 티끌 겨자씨보다
어쩌면 더 작을

그 마음 하나는 끝내
들지도 놓지도 못했다더라."

에구머니!

사회에서 배우다

이 답답한 것을…….

10년을 허송세월했나 봅니다.

참 아둔한 사람이라는 것을 새삼 깨닫는 순간이었습니다.

15년 전에도 관음정사 연호 스님께 자식 잃은 슬픔을 덜어 내기 위한 방법으로 '집집마다 돌아다니며 겨자씨 한 알씩 얻어 오라'는 겨자씨에 관한 법문을 들은 기억이 있는데 이제야 떠오르다니…….

아무리 좋은 말씀이라도 적절한 시기에 좋은 인연이 닿아야 내것이 될 수 있다는 것을 다시 한번 배웁니다.

이 관세음보살 108정근은 "관세음보살"을 마음속으로 또는 큰소리로, 마음을 집중해 108번 또는 끊임없이 정성껏 암송하는 것입니다.

"관세음보살! 관세음보살! 관세음보살!"
"관세음보살! 관세음보살! 관세음보살!"
"관세음보살! 관세음보살! 관세음보살!"
"관세음보살! 관세음보살! 관세음보살……"

"이 우매한 중생에게 부디 지혜를 주시옵소서!"
"모두가 함께 잘 사는 사회와 국가와 세계평화를 간절히 원합니다."
"원만한 소원성취를 기원합니다!"

'정근'이라함은 쉬지 않고 부지런히 힘쓴다는 의미를 갖고 있습니다.

누군가를 지극한 정성과 사랑을 담아 간절히 부른다면 언젠가는 서로 뜻이 통할 수 있으리라 생각됩니다.

이처럼, 바람을 실천하며 명호를 108번 또는 그 이상으로 간절히 찾는다면 부처님뿐만 아니라 하느님께서도 소원을 들어주실 것입니다.

오늘도 관세음보살님 가피 속에 마음을 하나로 모으고 비웁니다.

사회에서 배우다

과거에서
벗어나라

　생각해 보니 모든 고통은 과거에 집착하는 데서 기인하는 것 같습니다.

　전에 친분이 있던 어떤 노처녀 선생님이나 시어머니와 함께 사시던 40대 초반 여선생님께서 어느 누가 봐도 행복한 삶이라 인정할 만큼 시간적으로나 경제적으로도 여유 있는 삶을 살고 계셨는데, 어느 날 갑자기 평소와 다르게 우울해하며 무척 힘들어하셨습니다.

　이분들 말고도 갑자기 과거를 통해 현재까지 고통받고 계시는 분들이 생각보다 주변에 많이 계셨습니다.

그땐 사람들이 그렇게 갑자기 변할 수 있다는 것을 이해할 수 없었는데, 돌이켜 보니 어느 정도 생활에 안정감을 느끼고 시간적 여유가 생기면서 과거의 나쁜 기억들이 떠올라 괴로워했던 것 같습니다.

저 또한 코로나19로 혼자 있는 시간이 많아지면서 과거의 일들이 떠올랐으며, 좋은 추억들도 많았지만 나쁜 기억들까지 함께 떠올라 제 자신을 괴롭히고 있다는 자각을 하게 되어, 저와 같은 전철을 밟지 않았으면 하는 마음으로 이 글을 쓰고 있는 것입니다.

자신이 불행하다고 생각하는 대부분의 사람들은 과거를 잊지 못하고 과거의 나쁜 기억에 집착하기 때문이며, 현재 행복하다면 과거의 힘들었던 부분이 문제가 되지 않겠지만, 그렇지 못할 경우에는 과거의 불행이 현재의 문제점들과 겹쳐 헤어 나오기 어려울 정도로 더욱 힘들게 되는 것입니다.

그러므로 될 수 있는 한 빨리 과거에서 탈출하는 길만이 자신을 깊은 슬픔의 구렁텅이에서 빠져나오게 하는 방법이라고 생각됩니다.

과거 나쁜 기억들은 생각하면 할수록 더욱 자신을 힘들게만 할 뿐이며 현재나 미래의 삶까지도 전혀 보탬이 되지 않습니다.

과거를 들춰내어 긁어 부스럼 만들지 말고 과거는 과거에 남겨 두고 과거에서 벗어나 현재를 충실하게 사는 것이 지혜롭고 현명한 판단임을 좀 더 빨리 알았더라면 좋았을 것이라는 후회도 해

봅니다.

몰랐으면 모를까 이제라도 알았으니 제 단점이나 장점이기도 한 실행력을 발휘해 이젠 과거를 머릿속에서 깨끗하게 비워 냈습니다.

그 첫 번째 작업이 식물에게 물 주며 마음을 씻고 닦는 일이었습니다.

그다음은 추억이나 나쁜 기억 또는 생각들을 한 글자 한 글자 정성껏 책으로 엮어 마음속 찌꺼기까지 비워 내는 일을 했습니다.

그래도 어쩌다 한 번씩 불현듯 치솟는 뜨거운 그 무엇인가를 다스리기 위해 마음공부를 시작했으며, 이 마음공부 덕분에 계획보다 조금 빠르게 과거의 나쁜 기억에서 벗어날 수 있었던 것 같습니다.

과거의 삶을 통해 현재를 직시하고 현재의 부족한 부분을 과거의 삶 속에서 찾아 보완하면 미래의 삶은 보다 윤택해질 것이라는 희망이 생기겠지만, 이것은 어디까지나 희망일 뿐 삶은 그리 계산적으로 흘러가지 않습니다.

과거는 과거일 뿐, 묻어 두고 과거에서 벗어나 지금 현재의 삶에서 부족하다고 판단되는 부분들을 채워 나가는 편이 훨씬 밝은 내일로 한 걸음 다가서는 일이 될 수 있을 것입니다.

미래는 예측할 수 없는 일이라 불안함의 연속일 테지만 그래도 과거에서 벗어난 지금부터의 삶은 한결 내일은 맑음을 약속받을 수 있을 것으로 생각됩니다.

부부간의 대화나 자식들과의 대화, 가족들과의 대화에서 과거를 벗어나서 현재와 미래를 위한 대화를 유도하고 이어 간다면 이전보다 화기애애한 분위기에서 대화다운 대화로 원하는 결론을 내릴 수 있을 것입니다.

과거에서 벗어난다는 것은 새로 태어나는 것이나 마찬가지라는 생각이 들어, 사흘 전 산모용 미역 절반을 물에 담가 불려서 미역국을 끓였습니다.
미역국을 워낙 좋아하는 아이들이라 아무리 많이 끓여도 싫은 내색 없이 맛있게 먹어 주곤 했지만, 소고기도 아닌 참기름만 넣은 미역국을 이렇게 좋아할 줄은 미처 몰랐습니다.

"힘든 과거는 모두 잊고 엄마는 오늘부터 새로 태어나는 거다. 그래서 산모가 먹는 것처럼 미역국을 많이 끓였어."
아마도 이 말이 두 아들에게는 소고기보다 더 맛있는 말이 되었나 봅니다.
이젠 엄마의 푸념 섞인 힘들었던 어린 시절 이야기를 안 들어도 된다는 생각을 했을지도 모릅니다.

사회에서 배우다

힘들었던 과거에서 벗어날 수만 있다면 여러분들의 삶에서도 참기름 미역국보다 더 고소하고 맛있는 진국을 맛보실 수 있을 것입니다.

"우리 모두 하루빨리 힘든 과거나 힘든 현재에서 벗어나시길 기도드립니다."

이제는

마음 하나도 잡지 못했으니 내 여기까지 왔소이다.
남 탓이 아니라 내 탓이었습니다.
내 마음 나도 어쩌지 못했습니다.

사회라는 넓고 넓은 바다에서 파도를 타고 정처 없이 노닐다가
성남까지 와보니 '모든 것은 마음에 있다는 말'이 참말이더이다.

주변의 그 어느 누구와도 의논 없이 남편 반대를 무릅쓰고 철
저히 마음 가는 대로 내 마음 하나 믿고 마음 따라서 와보니 이전
보다 훨씬 양지바르고 넓은 곳이 기다리고 있더이다.
'신은 내 편이구나!'

불행 중 다행이라 생각하고 감사한 마음으로 들어가 그곳에 머물렀으나, 전처럼 그렇게 행복하거나 좋지는 않았습니다.

이 사회라는 곳이 네모난 강의실보다 좀 더 넓을 줄 알았는데 생각보다 그다지 크거나 넓지도 않았습니다.

모든 것이 마음에 있는데 외국에 나간들 넓게 느껴질 것 같지도 않아 이젠 여기서 안주하기로 마음먹었습니다.

반려식물과 꽃놀이하며 넓은 거실에 편히 앉았지만 마음이 넓어지기는커녕 점점 더 답답해지는 느낌을 받았고 칼로리 낮은 음식을 챙겨 먹었어도 이전에 없던 살찌는 걱정까지 늘어 마음이 편하지 않았습니다.

잘 이겨 내고 싶어 식물에게 물 주며 마음도 씻고 떠오르는 생각들을 정리하기 시작했습니다.

함께 모여 살고 싶어 이사를 했건만 단지 네 명밖에 안 되는 가족들은 3년 만에 직장으로, 대학진학으로, 군대로 뿔뿔이 흩어지고, 넓은 아파트에 덩그러니 혼자 있어야만 하는데, 그사이 부동산 법까지 바뀌어 이사도 못 가고 코로나19까지 겹쳐 마음은 더욱 무겁고 우울했습니다.

혼자 지내다 보니 당연히 생각도 많아졌고 그동안 바빠서 생각할 틈조차 없었던 옛일들이 주마등처럼 지나갔습니다.

이제는

덕분에 좋은 자아 성찰 시간을 저절로 갖게 되었으나 이 과정에서 마음도 많이 아팠었습니다.

다행히 지금은 매우 안정적이고 희망에 부풀어 있습니다.

가장 통탄할 일은 그저 살아 내느라 마음이 변하는 것도 몰랐고 평생 내 마음 멍들어 가고 있는 것도 모르면서 살아왔다는 것입니다.

양가 부모님 기대감에 부응하는 마음도, 가족들에 대한 실망으로 인하여 사랑도 변치 않으려고 무지무지 애쓰며 살다가 상처받고 있는 줄도 모르고 살아왔습니다.

주변에 기만하는 사람들은 왜 또 그렇게도 많은지, 처음부터 마음 편하게 알고도 속아 주고 모르고도 속겠다는 마음으로 살았지만 역시 결과는 예상했던 대로 허망함만 남았습니다.

제 맘 하나 못 잡는 주제에 누구의 마음을 잡는다는 말인고.

양가 부모님 마음도, 남편 마음도, 자식 마음도 못 잡는 것이 아니라, 애초에 마음은 잡을 수 없는 것이라는 이치를 내 처음부터 알았다면 이리 허망하지는 않았을 것입니다.

'노력하면 되겠지'가 아니라 그냥 기다리면서 아무것도 안 하는 우리 엄마처럼 가만히 있으면 저절로 되는 것이란 것을 이제는 알게 되었습니다.

'무조건 잘하면 되겠지……'

사회에서 배우다

아닙니다.

사람은 쉽게 변하지 않습니다.

받는 것이 당연한 줄만 압니다.

주다가 안 주면 섭섭해하는 것이 인간의 심리입니다.

 귀속집단이든 이익집단이든 간에 소속된 사람들은 처음부터 자신에게 이익이 되는지의 여부에 따라 관계 형성이 이루어진다는 것은 뻔한 일일진대, 특히 결혼이라는 형식으로 맺어진 가족이야말로 사회 통념상으로도 더욱 득실을 따지는 것이 너무나 당연한 일인데, 바보처럼 아무런 생각 없이 그저 퍼주고만 살아온 것에 대한 후회가 밀려왔습니다.

 베풀 때만 좋아하고 다가가면 그 자리에 서있고 다가가면 똑같은 간격이 유지되어 있는 가족들은 불쌍하게도 사랑을 주고받을 줄 모르는, 사랑을 할 줄 모르는, 감싸 줘야만 하는, 제게는 그런 안타까운 사람들이었습니다.

 그런 환경 속에서 자란 가족들 속에서 온갖 노력을 했어도 이해할 수 없는 부분이 많았는데, 지금 와서 생각해 보니 이해하지 못하는 것이 당연한 일이었으며, 하나도 이상할 것이 없는 일인 것 같습니다.

 모두들 제 마음처럼 성장하고 긍정적으로 변하고 있는 줄 알았습니다만, 이 변화가 좋은 쪽으로만 성장하고 있는 것이 아니라 나쁜 방향으로 퇴보할 수도 있다는 것을 미처 인지하지 못했었기에, 그동안 마음이 그렇게 버겁고 힘들었다는 것을 이제야 조금 알 것 같습니다.

그래도 '내 형편이나 상황이 더 좋으니 마음을 넓게 쓰고 먼저 베풀어야 되겠지.'

힘들었던 시절이 있었기에 그들의 마음을 조금은 이해할 수 있고 알 것 같아서 용기를 내어 다가서면, 다가가는 사이에 또 그들의 마음도 변해서 성장 또는 퇴화를 반복하고 있었던 것입니다.

남녀의 신체구조가 다르듯이 남녀의 생각부터가 크게 차이 나고 다르다는 것과 남녀를 떠나 사람들의 마음은 변화하는 것이 정상적인 이치라는 것을 인지한다면, 인간의 마음 변화와 그 마음 변화의 다름을 인정할 수밖에 없을 것입니다.

가장 가까운 사람에게서 상처를 많이 받는 것이 일반적이기에 가족 간에 느끼는 어쩔 수 없는 거리감과 외로움은 더욱 큰 상처가 됩니다.

그러나 가족이기 전에 그들을 한 사람의 사회구성원으로서 이해한다면 그들의 변화된 마음이나 생각을 오히려 칭찬해 주어야 마땅할 것입니다.

사회에서 배우다

너무 친밀한 관계보다는 적당한 거리를 두고 적당히 소통하는 편이 정신건강에도 이롭다는 것도 미리 알았더라면 그렇게 크게 흔들리지는 않았을 텐데 하는 아쉬움이 남지만 처음부터 잘 알고 대처하는 사람이 몇이나 있을까 생각하면서 스스로를 위로하게 됩니다.

이제는 마음이 관심인지 집착인지도 한 번쯤 생각해 보는 여유도 가지게 되고, 호의에 대한 감사하는 마음이 있는지, 권리라 당연시하는지에 대해서도 저절로 자연스럽게 알게 되었습니다.

이제는 나를 사랑하겠다고 생각하면서도 나를 위한 시간을 내거나 나를 위한 마음은 습관이 되어 있지 않아 매우 어설프고 어색하기까지 합니다. 그러나 꾸준히 시도해 볼 생각이며 시도해야만 한다고 생각합니다.

이제는 마음의 변화를 애써 외면하지 않고 인지하고 있으며 오히려 긍정적인 마음의 변화를 위해 노력 중이고, 흔들리는 마음을 애써 잡으려 하지 않고, 그냥 조금 떨어진 자리에서 그냥 그대로 둔 내 마음을 들여다보기 시작했고, 그렇게 살아 보려고 노력 중입니다.

이 방법은 평상심 유지에 지금까지는 효과적인 것 같습니다.

가끔은 아파 오는 마음을 위해 살뜰히 챙기고 선물로 위로하면서, 마음을 보듬고 다독이기를 수차례 반복하다 보니 자존감이 오르고 존재의 가치까지 덤으로 깨닫게 되었습니다.

이제는 가장 힘들었던 말인, 싫으면 싫다고 이해시키고 말할 수 있게 되었고, 말뿐만 아니라 행동으로 옮길 수 있을 것 같습니다.

내가 옳다고 판단되는 일에서, 어떠한 상대이든 어떤 일이든 간에 싫으면 싫다고 말할 수 있는 순간, 과거의 삶에서 벗어나 힘들고 우울한 분위기를 탈출할 수 있을 것 같아 마음속으로 다짐 또 다짐하고 있는 중입니다.

석 달 전까지만 해도 말은 싫다고 해놓고서 몸은 누군가를 위해 행동하고 있거나 송금하고 있는 모순된 삶이 보여 혼자서 피식 웃었습니다만 서서히 고쳐지는 중입니다.

이렇게 마음을 바꾸고, 마음이 변하니 흔들릴 거리를 제공하지 않아서 좋고, 흔들리지 않아서 좋고, 마음을 잡으려고 노력할 필요도 없게 되었습니다.

이젠 남편, 자식, 양가 가족들, 그 누구의 마음도 잡으려고 하지 않겠습니다.

알아서 먼저 갖다 바치고, 알아서 먼저 베풀면서 상처받는 일도 하지 않을 것입니다.

모두 퍼주고 바보처럼 혼자서 힘들어하며 허리끈 졸라매는 일은 앞으로 없을 것입니다.

일하다 시간적 여유가 생기면 무조건 제일 먼저 고향에 달려가서 친정엄마 안위를 살피곤 했지만, 이제는 오빠가 곁에 계시니 마음 놓고 고향이 아닌 다른 곳으로 여행이라는 것도 다녀 보고 싶습니다.

이제는 먼저 신경 쓰지 않아도 생각이 나거나 필요한 사람은 막아도 다가온다는 것을 알았기 때문입니다.

그러니 친절하게 다가가서 물질과 시간에 마음까지 베풀며 상처까지 받을 필요는 더더욱 없는 것입니다. 끝까지 감당하지 못할 일은 처음부터 시작하지 않는 것이 가장 현명한 삶의 지혜인 것 같습니다.

이제는 호의를 의무이행이나 권리쯤으로 받아들이는 사람이라면 베풀 만한 가치가 없다고 생각되므로 차라리 굶주리고 헐벗은 이들에게로 경제적 지원과 마음이 향하는 것이 당연한 이치에 따르는 일이며 현명한 판단이라고 생각됩니다.

전혀 모르는 타인을 향한 위하는 마음은 베풀고 상처받을 일이 거의 없다는 것과 내 형편에 맞게 계획적으로 지원하면 되니 무리하게 요구하지 않는다는 점이 좋습니다.

내 것을 아껴 보람된 일을 하는 것 같아 내심 마음이 편해지고, 더 열심히 벌어서 그들에게 조금 더 베풀 수 있는 삶을 살아야겠다는 좋은 마음도 갖게 되므로, 상처받은 마음이 좀 더 빨리 치유되는 효과도 있습니다.

이렇게 대놓고 마음이 변하니 어느새 생활환경까지 변해 있었고, 지금은 긍정적인 모든 변화들에 만족하고 있습니다.

오늘 점심은 둘째가 치즈를 듬뿍 넣은 토마토 스파게티를 만들어 기름지고 풍요로운 식탁을 챙겨 주는 행복을 맛볼 수 있었습니다.

마음 퍼주는 일을 예전보다 아끼니 가족들에게 스트레스받을 일도 줄어들고 이제는 척하면 척척 알아듣고 행동하는 두 아들에게도 감사한 마음뿐입니다.

사람들은 자연스럽게 마음이 변한다는 것을 인정하고, 내 할 일만 하면서 기다리다 보니 다시 식탁에 웃음꽃이 피기 시작했습니다.

그러니 양가 부모님이나 가족들 또한 각자 생각해 볼 시간이 필요할 수도 있겠다는 생각이 듭니다.

여기서 인류을 저버리라는 말은 절대 아니고, 너무 자신이 힘들면 어느 정도 기한을 정해 놓고 잠시 적당한 거리 두기를 할 필요가 있다는 말을 하고 싶습니다.

최선을 다할 수 없을 형편일 땐 차선책도 있다는 것입니다.

아무리 애틋한 가족들일지라도 자신이 있고 나서 가족이 있는 것이므로, 마음의 상처를 받으며 자신의 건강까지 해치면서, 자신의 삶이 송두리째 흔들리도록 무리해서 베풀 필요는 없다는 말을 하고 싶을 뿐입니다.

행복했다가 불행해지고 다시 행복이 반복되는 현상은, 사람들의 마음이 변화하듯이 삶도 변하는 자연스런 현상이므로, 민감하게 반응할 것이 아니라 만일 힘들면 지금은 내리막길이니 다시 오를 일만 남았다는 긍정적인 마음으로, 마음 변화나 사회 변화를 인식하면서 버릴 것은 과감히 버리고 포기할 것은 포기하며, 잊어야 할 것들은 잊으면서 지혜롭게 대처하고 기다리면 된다는 것을 이젠 여러분들도 알고 계실 것입니다.

마음은 잡는 것이 아니라 흔들리지 않는 편이 마음관리가 조금은 편하다고 생각됩니다.

'흔들리며 피지 않는 꽃이 어디 있으랴.'라는 말이 있듯이 우리들 마음속에 꽃이 피려면 우리들 마음도 흔들려야만 하는 것인가 봅니다.

그러나 너무 많이 흔들리면 꽃잎에 상처가 나고 떨어지듯이 사람의 마음도 상처받고 지치게 됩니다.

다만 세찬 바람이 흔들더라도 우리들 마음은 크게 흔들리지 말고 조금만 흔들렸으면 좋겠습니다.

흔들리지 않겠다고 작정하는 그 자체가 흔들릴까 봐 걱정하고 스트레스받고 있다고 할 수 있는 것이니만큼, 어떠한 바람에도 꿈쩍하지 않을 베짱이나 뚝심도 길러야겠다는 생각도 합니다.

마음은 잡을 수 없는 것이니 이제는 적당히 흔들리며 꽃이 필

수 있도록 마음을 늘 그 자리에 두도록 해야겠습니다.

생각을 바꾸니 적당한 흔들림은 정신건강에 좋은 약이 될 것 같습니다.

이제는 힘들어하지 않고 바람이 불면 바람 부는 대로 살랑살랑 흔들리며 춤추듯 대처하며 즐길 수도 있을 것 같습니다.

오늘처럼 훈풍에 꽃바람 불면 이제는 주저하거나 망설임 없이 꽃비 맞으러 나가고, 가끔씩은 맘껏 자신을 위한 시간으로 만드는데 하루빨리 익숙해져야겠다고 생각합니다.

자신이 있어야 가족도 있는 것이고, 자신이 행복해야 가족도 행복할 거라는 너무도 당연한 말들이 가슴에 와 닿는 걸 보니, 이제는 행복할 때가 된 것 같습니다.

이제는 어떤 바람이나 파도에 흔들리거나 휩쓸리지 않고 마음 가는 대로 확신을 갖고 따라가다 보면, 이미 경험한 대로 좋아하는 꽃들이 흐드러지게 피어 있는 밝고 환한 꽃동산이 기다리고 있을 것이란 확신을 갖게 됩니다.

우리 이젠 행복해야만 합니다.

우리 이제는 한 번쯤 행복해질 권리행사를 가져야겠습니다.

행복해지기 위해선 모든 것은 마음 따라 일어나는 허상일 뿐 아무것도 아니라는 생각을 합니다.

사회에서 배우다

또한, 이 세상에 변하지 않는 것은 아무것도 없다는 것을 알아야 합니다.

모든 것은 마음에 있는 것이고 모든 것은 마음으로부터 나오는 것이라는 것을 안다면 지금의 고통이나 힘든 일도 곧 지나갈 것이라는 것도 생각할 수 있게 될 것입니다.

마음관리나 마음 지키는 일은 잘할 것도 없고 못 할 것도 없으니 그저 있는 본성 그대로 잘 두기만 하면 될 것 같습니다.

잘은 모르겠으나 방법은 하나인 것 같습니다.
자신의 마음을 보고 마음을 관리하며 흔들리지 않도록 지키는 것일 겁니다.
저도 잘하려고 하지도 않을 것이며 그냥 그 마음자리에 그대로 둘 요량(앞일 따위를 잘 헤아려 생각하는 것)입니다.

'이제는 정말 행복하고 싶습니다.'
'이제부터는 쭉 행복할 것입니다.'

"우리들의 앞날은 탄탄대로가 될 것입니다."

이 말을 믿고 자신의 것으로 만드는 사람만이 결국 행복을 쟁취하게 될 것입니다.

생활 속
기도방법

자살률 OECD 1위라는 심각한 뉴스를 듣고 가만히 있을 수 없기에 정성을 모아 이 글을 씁니다.

독실한 기독교 신자인 친한 언니로부터 어떻게 기도하느냐는 질문을 받은 적이 있었습니다.

그렇지 않아도 작년부터 정성껏 무엇인가를 간절히 원하면 이루어질 것이라는 믿음을 갖기 시작했으며, 기도하는 방법에 대해서 관심을 갖고 있던 터라 질문에 대한 답은 할 수 있었지만 이야기가 길어질 것 같아 얼버무렸던 적이 있습니다.

부끄럽지만 그동안은 무엇인가를 갈망하고 갈구한 적이 없었

사회에서 배우다

습니다.

성격상 누군가에게 부탁도 한번 제대로 못 하는 터라 신께 또한 제 자신이나 가족을 위해서 간절히 매달려 본 적이 없었습니다.

가만히 있어도 뜻대로 모든 일들이 잘 풀렸고 딱히 바라는 바도 없었기에 생각하는 대로 무난하게 살아올 수 있었던 것입니다.

두 아들도 부모 뜻을 잘 받아들이고 각자 알아서 잘하자는 식이었으니 저야말로 운이 좋았던 것 같습니다.

마음속에 크게 바라는 것 없이 여행을 가거나 스쳐 지나가는 길에 좋은 절이 있으면 잠시 들르거나 아무 생각 없이 정성껏 절만 하고 왔을 무렵에는 모든 일들이 저절로 잘 풀렸고 마음도 편했습니다.

그런데 두 아들 성인이 된 뒤 진로에 있어서 자신만 잘하면 되는 것이 아니라는 것을 알게 되었고, 더 잘되기 위해서 정성껏 기도라도 드려야겠다는 생각을 하게 되었던 것입니다.

그 후 마음속에 자식들에게 거는 기대치에 욕심 비슷한 원하는 것들이 있고부터는 오히려 제가 일을 망치고 있는 것은 아닌지 조심스러워진 적도 있습니다.

이번에는 방법을 바꾸어 두 아들은 각자 자신이 원하는 바를 알아서 스스로 기도하기로 마음을 모았습니다.

어설픈 기도와 관심이 오히려 마음을 불편하게 하고 서로의 기대에 미치지 못하는 결과를 초래할 수도 있겠다는 생각이 들었기 때문입니다.

저 역시 막연한 기도보다는 좀 더 현실감 있는 기도라면 반드시 간청을 들어 주실 것이라 믿는 마음에서 기도하는 방법을 바꾸어 보았습니다.

기도라고 해서 어떤 형식을 갖고 행한 것이 아니라 일상생활 속에서 설거지하거나 걸으면서 정성껏 살아 내는 자체가 좋은 기도라는 생각이 들었습니다.

방법을 달리해서 '누구누구 잘되게 해주세요!'에서 스스로 주체가 되어 기도를 드렸습니다.

'남편, 아들, 부모님 건강하게 해주세요!'에서도 주체는 자신이었으며, 머릿속에 건강한 가족 모습을 상상하면서 '건강한 가족을 이끌 수 있는 건강한 사람이 되게 해주세요!'라고 말입니다.

'행복한 가정을 이룬 엄마가 되게 해주십시오!'
'온 가족 모두 건강하고 뜻하는 바 모두 이룰 수 있길 원하옵니다.'
'마음의 상처까지 보듬어 줄 수 있는 ○○엄마가 되게 해주십시오!'

'사람들 마음을 위로하는 명배우 엄마가 되게 해주십시오!'
'건강하고 능력 있는 교수 아내가 되게 해주십시오!'
'건강한 엄마와 함께 오래오래 살게 해주십시오!'

사회에서 배우다

‘저술한 책들이 사람들의 마음을 조금이라도 편하게 해주시길 바랍니다.’

밥솥을 열면서도 ‘이 밥 먹은 사람들 모두 건강하고 잘되게 해주세요!’라고 말입니다.

전과 다른 점이 있다면 생활 속 모든 행동을 기도하는 마음으로 살아가고 있다는 것입니다.

그리고 작은 것이라도 가까이 있는 누군가와 나누려는 삶을 실천하려고 노력했습니다.

가진 것이 많아서가 아니고 상대가 없어서도 아니며, 저를 만나는 사람이 저로 인하여 부담 없이 음식을 먹고 차를 마시면서 잠시라도 마음이 편하거나 즐겁다면, 그 자체가 기도하는 마음을 실천하는 삶이라는 생각이 들었기 때문입니다.

제게 있어서 누군가가 오염된 흙탕물보다 맑은 물을 마시도록 협조하거나 지인에게 맛있는 밥이라도 함께 나누려는 기쁨은 살아온 보람을 이렇게 작지만 의미 있고 소박한 것에서 찾을 수 있고, 또 좀 더 열심히 일하며 살아야겠다는 필요성을 느끼고 찾게 해주기 때문입니다.

저는 ‘언어의 마법’이라는 것을 믿습니다. 그래서 사람을 긍정적으로 대하려고 노력하며 살고 있습니다.

‘저 사람이 이럴 것 같다, 저럴 것 같다.’고 말하고 나면 이상하게도 정말 그렇게 되어 있는 경우를 여러 번 경험했습니다.

 꼭 필요하다고 생각되는 말만 하고 말조심을 하면서 살고 있지만, 상대의 그릇 됨됨이 정도를 잘못 파악하고 일이 잘되길 바라면서 좋은 뜻으로 전달했던 말이, 제 의도와는 전혀 상관없이 전달되고 와전되어 들려온 적이 딱 한 번 있어, 나잇값 하며 살고 싶어 더욱 말조심하면서 살고 있습니다.

 메타무의식으로 기도합니다.
 감귤 주스를 병에 담으면 둥근 병 모양이 되고 하트 모양 그릇에 담으면 하트 모양 주스가 되듯이, 내용물이 같아도 담는 그릇에 따라 모양이 바뀌듯이, 기도 내용도 긍정 그릇에 담아 올리면 긍정적 기운을 받아 긍정적으로 좋은 결과를 얻을 수 있으리라는 믿음이 있으므로, 정성껏 잠재의식을 담은 기도에는 현실에서 이루어질 것이라는 믿음과 함께 성취하는 상상이 담겨 있는 것입니다.

 '꿈은 반드시 이루어진다.'와 같이 단순한 답이 나오는 구체적 목표를 문자화시키려는 노력을 하고 있습니다.
 일종의 자성 예언을 수첩에 적거나 버킷리스트를 작성하는 식으로 시각화시켜 뜻이 이루어질 때까지 잊지 않는 방법입니다.

 우리가 옛날에 막연히 상상했던 일들이 과학 문명이 발달해 현실이 되었듯이, 우리가 상상하는 모든 것들이 미래에 또한 이루어질 것이 분명합니다.

우리가 생각하는 모든 것들 또한 반드시 이루어질 것이라 확신하면서, 확실한 언어로 그분께서 알아듣기 쉽도록 간단하고 명료하게 문자화시키거나 발화시킨다면, 꿈은 꿈이 아니라 현실이 될 것이라 생각됩니다.

한꺼번에 너무 많은 것들을 원한다면 욕심이 들어가는 것이라고 생각되므로 정말 원하는 딱 한 가지만을 기도 주제로 정하면 좋을 것 같습니다.

더욱 좋아졌으면 하는 바람을 담아서 좋아지려고 하는 기도 자체가 힘들다면 지속적으로 꾸준히 마음 내기는 더욱 쉽지 않을 것이라는 생각이 들기에 가벼운 마음으로 신께 다가서는 것이 좋을 것 같습니다.

부처님 오신 날 처음 불렀던 보현행원가 악보가 짐 정리 도중 나오기에 엊그제부터는 피아노 반주를 넣어 불러 봤습니다.

교육대학교에서 중간고사 피아노 시험 곡이었던 찬송가도 가끔 연주하면서 경건한 마음을 가지려 하고 있습니다.

이왕이면 말 한마디라도 긍정적으로 전달하려고 노력 중입니다.

예를 들어 개업 준비를 하고 있는 친구의 성공을 위해 부정적인 말을 넣어 쓰지 않으려 하고 있으며, 같은 말이라도 될 수 있으면 긍정적 표현을 넣어 "꼭 성공할 수 있도록 꼼꼼히 체크하고 준비하자."는 식으로 상대에게 격려나 용기가 필요하다 싶으면 평소에 덕담을 합니다.

이러한 일련의 좋은 마음들이 쌓이고 쌓이면 긍정적인 좋은 에너지가 우리 몸속에 축적될 것이라 믿고 있으며, 삶에 좋은 긍정적 에너지로 승화시키기 위한 정갈한 마음가짐 유지가 필요하다는 것도, 실패를 통해 터득한 기도방법 중의 하나입니다.

기도하는 형식이나 방법이 중요한 것이 아니라 무엇보다도 '기도하는 마음' 그 자체가 소중하다는 생각입니다.

기도하기 전에 느꼈던 경건한 마음과 기도하고 난 후의 편안해진 마음 상태나 든든함이야말로 정신건강이나 신체건강에 얼마나 좋겠습니까?

우리가 일상생활에서 경건함, 편안함, 든든함, 후련함 등의 마음 상태를 자주 느끼면 느낄수록, 즉 기도를 많이 하면 할수록, 우리들의 삶 자체가 좋을 수밖에 없을 것이라는 생각이 듭니다.

기도하는 그 자체, 기도하는 그 마음이야말로 '우리들의 삶을 소중하게 맞이하고 소중하게 대하는 가장 기본이 되는 마음'이란 걸 이제야 알게 된 것도 부끄럽습니다.

기도하는 마음으로, 이제 걸음마를 시작하고 보니 마음의 여유가 더 생기는 듯합니다.

한없이 자신을 낮추게 되고 겸손해지며 비우는 기쁨을 맛보게 됩니다.

그동안 경험하지 못했던, 말로는 쉽게 표현하지 못할 새로운 느낌의 세계가 있었습니다.

한 걸음 한 걸음 기도하는 마음으로 천천히 내딛는 이 사회가 다시 정겹게 느껴지니, 마음의 좋은 변화라고 생각합니다.

앞으로 살아가는 날들은 이러한 긍정적 변화와 더불어 생활 속 기도방법으로 더욱더 마음의 안정을 유지하게 될 것이며 한결 편안하고 풍요로워질 것으로 예상됩니다.

지금 제가 잘하고 있고 잘 살고 있다는 뜻이 아니라 잘 살아 보려고 무던히 애쓰고 있는 중이며, 지금 이 시간에도 어느 누군가는 삶을 포기하고 싶은 심정으로 힘들어하실 분들이 계시다는 것을 잘 알고 있기에, 힘든 시간들을 이렇게 이겨 냈다는 일종의 삶의 방법을 함께 공유하고자 합니다.

신기하게도 이 글을 마무리하려고 하는 지금 그 언니로부터 나흘 후 수원 가는 날이니 '고기리'에서 만나 점심 함께하자는 카○○톡이 와서 약속을 잡았습니다.

아침 일찍부터 줄을 서야 먹을 수 있다는 맛집에 저를 데려가 주신다는 마음을 써주신 것만으로도, 그 마음을 제가 알게 되었다는 것만으로도 행복한 일입니다.

각자 다른 곳에 살아도 서로 마음을 자주 표현하지 않더라도 한 번쯤 나를 생각해 주고 떠올려 주는 사람이 있다면, 맛있는 것을 먹으면서 그 맛을 함께 공유하고 싶은 사람들이 있다고 생각하면 이 세상은 좀 더 살 맛 나는 세상으로 느껴집니다.

이처럼 행복한 마음은 대단한 것이 아니라 곁에 있는 사람과 정담을 나누고 고민을 함께하는 소소한 일상의 즐거움에서 찾을 수 있는 것입니다.

그러므로 이 세상은 아직도 따스하고 정이 넘치는 사람들도 많다는 것을 느낄 수 있도록 우리들 마음부터 활짝 열었으면 하는 마음으로 기도드립니다.

"힘드시죠?"

"많이 힘드시죠?"

"얼마나 힘드시겠어요?"

"저도 힘들지만 용기를 내고 있습니다."

"우리 모두 용기 있는 끈기와 긍정의 힘으로, 이번에는 반드시 또 한 번의 건강하고 튼튼한 꽃을 피워 행복하시길 간절히 기도드립니다."

"반드시 합격합니다."

"이번에는 원하는 바 꼭 성공할 것입니다!"

"모두 함께 행복한 세상을 원합니다."

"우리들의 행복한 삶을 위해 함께 응원합니다."

"지금 너무너무 행복합니다. 감사합니다."

사회에서 배우다

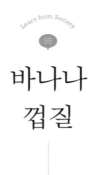

바나나
껍질

바나나 껍질을 음식물 종량제 봉투에 넣어 버리지 않고 일반 쓰레기 종량제 봉투에 넣어서 버린 어느 대학생에게 벌금 10만 원을 부과했다는 뉴스를 들었습니다.

이 대학생이 원칙적으로 잘못은 했지만 아파트에 살았더라면, 부모님과 함께 살았더라면 겪지 않아도 될 일종의 수모였다는 생각이 들었습니다.

분리수거 안 한 것을 잘했다고 역성드는 것이 아니라, 모든 법은 모두에게 평등해야 하고 역차별을 받거나 소수에게만 적용되어서는 안 된다는 말을 하고 싶은 것입니다.

버젓이 쓰레기 종량제 봉투에 바나나 껍질을 넣어 버리는 사람이 있어도 운이 좋아 걸리지 않은 사람도 있다면, 전국 뉴스에 오르내리며, 10만 원 벌금을 내야만 하는 대학생에게는 너무나 가혹한 벌일 수 있다는 것입니다.

분리배출을 잘 지키도록 시민의식을 고취하기 위한 방법으로 그 대학생 한 명이 대표로 뉴스에 오르내리게 되었다고 생각하니 마음이 편치 않았습니다.

그 대학생이야말로 바나나 껍질에 제대로 미끄러진 셈입니다.

그 후 우리 집에서는 양파껍질은 음식물 쓰레기인지 일반 쓰레기인지 다시 한번 확인해서 버리는 계기가 되었으니, 전국의 집집마다 이와 비슷한 경우들이 있었으리라 생각됩니다.

물론 관리단속을 잘한 공무원은 칭찬받아야 할 것이며, 분리배출자들이나 분리수거자들 모두 지속적인 노력으로 하루빨리 분리배출 수거에 전 국민이 동참하고 정착되어 다시는 이러한 불미스러운 뉴스가 들리지 않았으면 좋겠습니다.

시장을 보는데 마켓 판매대 위에 일반 바나나 송이보다 두 배나 되는 유난히 크고 탐스런 바나나 한 송이가 눈에 들어왔습니다.

어릴 적 추억 때문에 한 치의 망설임 없이 집으로 모셔왔습니다.

70년대 후반부터 80년대 초반까지는 방학 때마다 서울 가서 살

사회에서 배우다

다가 개학을 앞두고 집으로 돌아오는 길이면, 강남 고속버스터미널 길가에는 거무튀튀한 바나나 한두 개씩 떼어서 매우 비싼 가격을 골판지에 써서 사과 상자 좌판대 위에 올려놓고 팔고 계신 할머니들을 볼 수 있었습니다.

치아가 부실한 엄마가 분명히 좋아하실 바나나지만 그 앞에서 한참을 망설이다 끝내는 사 오지 못하곤 했던 여중 고 시절의 우울한 기억을 씻기 위한 최선의 선택이, 생애 가장 크고 먹음직스러운 샛노란 바나나 한 다발 사는 것이었던 겁니다.

그 당시 오빠가 필리핀 출장 다녀오는 길에 가족들이 생각나 바나나 한 상자를 사 오다가 세관에 걸려 빼앗기고 말린 망고만 갖고 들어왔을 정도로 바나나는 비싸고 귀한 과일이었습니다.

지금은 전보다 가격도 수십 배 싸졌고 빛깔 고운 노란 바나나를 얼마든지 살 수 있는 경제력도 있으나, 사다 놓아도 없어지지 않아 신경 쓰이는 바나나지만, 노란 바나나를 사는 순간은 그 시절을 보상받는 느낌이 들어 참 행복합니다.

탐스런 노란 바나나 한 송이를 예쁜 접시에 담아 트레이에 올려놓으면 근사한 것이 꽃병이 필요 없을 만큼 마음까지 푸근해집니다.

다음 날 그중 가장 잘 익은 한 개를 골라 뽀얀 바나나 속살을 크게 한입 베어 물면, 코끝에서 바나나 향을 느끼는 순간 세상에 부러울 것 없는 성공한 사람이 된 것 같이 흐뭇해집니다.

이제는 요령이 생겨, 먹고 난 바나나 껍질을 냉장고에 모아 두었다가 버리면 초파리 생길 걱정은 하지 않아도 됩니다.

다 먹지 못하면 옆집 할머니께 나누어 드려도 좋고, 바나나 껍질을 벗겨 냉동실에 얼려 두었다가 단맛을 낼 때나 떡볶이 등 음식물에 넣어 먹어도 좋으니 상해서 버릴 걱정도 없습니다.

그러니 양이 조금 많더라도 고민할 필요 없이 넉넉하고 푸짐한 마음을 느끼면서 사는 즐거움을 맛보고 있습니다.

생각난 김에 다음 주에는 싱싱한 바나나 사 들고 친정에 다녀와야겠습니다.

지금은 살이 빠져 틀니도 헐거워지신 우리 엄마께서 아기처럼 오물오물 바나나를 편하고 맛있게 드실 것을 생각하니, 잠시 섭섭했던 마음이 부끄러워지고 마음은 벌써 고향을 달려가고 있습니다.

노랗게 잘 익은 바나나를 보며 옛 감성에 젖을 수 있고, 아직도 바나나를 사다 드릴 엄마가 계시다는 것이 얼마나 감사한 일인지 새삼 느껴지는 벚꽃 비 흩날리는 따뜻한 봄날 오후입니다.

이렇게 하찮은 바나나 껍질 속에서도 행복은 느낄 수 있는 것입니다. 바나나 껍질을 일반 쓰레기 종량제 봉투에 넣으면 스트레스 거리가 되고 음식물 종량제 봉투에 넣으면 행복이 되는 것입니다.

바나나 껍질처럼 단순한 행동이나 생각의 차이가 스트레스나 행복 거리가 될 수 있다는 것도 알게 됩니다.

이렇듯 작은 마음의 변화나 작은 행동 변화만으로도 행복은 느낄 수 있습니다.

행복은 행복하다고 느낄 수 있는 사람만이 느낄 수 있는, 참 오묘하고 보이지 않는 바람 같다는 생각이 듭니다.

앞으로는 시원한 바람을 느끼는 것처럼 행복도 가끔 의식적으로 느끼면서 사는 지혜를 추구해 봐야겠습니다.

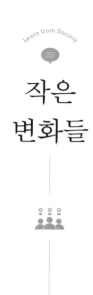

작은
변화들

　톨스토이는 '작은 변화가 일어날 때 진정한 삶을 살게 된다.'고 《사람은 무엇으로 사는가》에서 말했습니다.

　비록 큰 변화가 아닌 작은 변화들일지라도 안정적인 삶을 추구하는 사람들에게 변화는 그리 쉽게 받아들일 수 있는 부분이 아닌 것 같습니다.
　비교적 도전적인 삶을 추구하지만 나이가 들수록 안주하려는 성향이 튀어나오고 있음을 느낍니다.
　분명한 것은 변화를 받아들이고 변해야만 한다는 것입니다.

　자신에게서 변화를 찾지 못한다면 주변 사회의 작고 미세한 변

사회에서 배우다

화를 감지하는 것부터 시작하면 좋을 것 같습니다.

주변이 지속적으로 변하고 있는데 자신만 정체되어 있는 기분이 든다면 그것은 아마도 정체가 아니라 도태되어 있을지도 모를 일입니다.

그만큼 세상이 빠른 속도로 변하고 있으며, 이러한 급변하는 사회 속에서 자신의 변화 속도를 맞출 수 없다면, 변화를 인지하면서 즐기면 될 것입니다.

얼리 어답터 같은 사람들은 문명과학의 발달을 비교적 다른 사람들보다 빨리 받아들여, 삶을 변화시키면서 변화 속의 사회에 타인보다 앞서 적응하며, 긍정적 사회 변화를 나름대로 즐기면서 살아가는 경우입니다.

이 경우는 경제적으로 어느 정도 여유가 있어야 가능한 변화 수용 방법이므로, 자신의 경제력에 맞게 변화 속도를 맞추면 될 것입니다.

경제력과 같은 사회적 수준의 잣대를 떠나, 가장 손쉽게 변화를 추구할 수 있는 방법은 마음의 변화요, 행동의 변화라 할 수 있습니다.

어떠한 상황의 변화에 발맞춰야 하는데 마음의 변화가 일어나지 않는다면, 먼저 행동으로 옮겨 보는 방법을 추천합니다.

설령 싫더라도 몸이 먼저 움직이다 보면 몸에 습관이 붙어, 나중에는 몸이 먼저 변화를 느끼고 변화를 받아들이게 됩니다.

이러한 마음의 변화 없이 행동의 변화를 일으키는 경우는 쉽지 않은 드문 경우이지만, 책을 집필하는 과정에서 이러한 행동을 통해 마음의 변화를 이끌어 낸 제 사례였습니다.

반대로 마음은 해야 되는데, 해야 되는데 하면서 몇 개월 심지어는 몇 년씩 실행을 미루는 경우도 볼 수 있습니다.

영어공부 시작해야지, 해야지, 하면서 못하고, 집필한답시고 난생처음 다이어트라도 해야 될 몸 상태인지라 운동을 다시 시작해야지, 해야지, 하면서도 넉 달째 미루고 있는 바로 제 경우입니다.

얼핏 보면 그냥 한심하다고 생각하고 넘어갈 수 있겠지만 스스로에게는 매우 심각한 일이며, 상황에 따라서는 인생 자체가 밀리고 밀리는, 감당할 수 없는 상태까지 갈 수도 있다는 것입니다.

제 판단으로는 미루는 습관도 일종의 마음의 병이라 할 수 있을 만큼, 자신뿐만 아니라 주변 사람들도 매우 힘들게 만드는 생활습관병인 것 같습니다.

이렇게 집필을 통해 생활습관병명까지 만들어 내면서 자신을 냉철한 시각으로 들여다볼 수 있다는 것이, 교직에서 작가로 변화를 모색한 가장 큰 수확인 것 같습니다.

지금 이 순간 마음의 동요가 크게 일어났고, 이어서 제 마음에

사회에서 배우다

섬세한 변화들이 꿈틀거리고 있음을 느낍니다.

갑자기 톨스토이가 말한 작은 변화들을 의식적으로 무수히 많이 경험해 보고 싶은 도전의식이 싹틉니다.
미루는 '생활습관병'을 당장 고쳐야겠다는 생각은 드는데 당장 뛰어나갈 상황은 아니기에, 꼭 지키겠다는 다짐 또는 계약서 쓰는 의미로 적어 봅니다.

'아파트 정원 세 바퀴 돌고 24층 계단 세 번 오르기.'
온몸의 지방 덩어리부터 태우고 떼어 내는 운동을 일단 일주일 동안 실천하면서 다른 작은 변화를 추구하는 것이, 부담이 적을 것 같아 우선 한 가지만 실천하기로 결정했습니다.

몸에서 군더더기 살을 덜어 내고 나면, 마음에서 일어나는 쓸데없는 잡념들도 줄어든 몸무게만큼이나 줄어들 것 같은 기분입니다.
'작은 변화가 일어날 때 진정한 삶을 살게 된다.'고 했으니, 변화가 일어날 때가 아닌 작은 변화는 이미 시작했다고 생각됩니다.

마음의 변화가 시작되었으니 이제 우리도 '진정한 삶'을 살게 되었음에
감사하며, 아껴둔 꽃차를 우려야겠습니다.

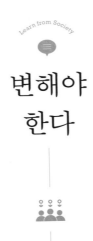

변해야
한다

어릴 적 마을 어른들께서 철없이 행동하는 사람들을 보면
"나이를 똥구멍으로 먹었나?"
'적어도 이 말은 듣지 말고 살아야 할 텐데…….'

고향 발전기금, 재경 총동창회 후원금
산불피해·지진피해 돕기, 지구 구하기 지원금 등
미처 생각하지 못했던 곳곳에 쓸 곳 천지, 마음이 아프다.

철들어도 돈 없으면 꽝인 세상
경제력이 신분을 만드는 세상
적어도 우리가 돈의 노예는 되지 말아야 할 텐데…….

사회에서 배우다

철이 들었어도 경제력이 마음을 잘 표현해 주는 시대에 살다 보니

나잇값 하며 살기가 쉽지 않은 세상입니다.

'잘 쓰려면 돈도 벌어야 되겠구나!'

생각이 변하고
마음도 변했으니

생각 변화 마음 변화에 이어 이제는 행동이 변해야만 합니다.

이제는
우리도

브룬펠시아 재스민에게 새잎이 돋아나더라도
완전히 자란 성숙된 잎에서 꽃봉오리가 나오듯.
사람도 성숙되어야 마음 꽃피고 인생 꽃피울 것입니다.
어느 정도 나이가 들어 이런 생각이 드는 걸 보니
이제는 우리도 꽃피고 열매 맺을 때가 되었다 믿고 싶습니다.

사회에서 배우다

친구

척하면 척척 알아채고 군더더기 말이 필요 없는
그런 친구가 우리 곁에 있다면 잘 살았다 말하고 싶습니다.
막연히 언제까지나 기다릴 것이 아니라
내가 먼저 척하면 척척 알아채는, 말이 필요 없는
그런 친구로 다가가야겠습니다.

여행

초록 산을 업은 내가 물속에 있습니다.
초록 산을 업은 내가 호수 안에 서있습니다.
초록 산을 업은 나와 이야기를 한참 나눕니다.
오길 잘했네!

붉은 산을 업은 내가 물속에 있습니다.
붉은 산을 업은 내가 호수 안에 서있습니다.
붉은 산을 업은 나와 이야기를 한참 나눕니다.
이번 여행은 성공했구나!

하늘을 담은 호수가 보입니다.

하늘과 구름을 안고 내가 서있습니다.
파란 하늘 하얀 뭉게구름에게 다가가고파 고개를 더 숙입니다.
이번 여행도 성공했구나!

날씨도 풍경도 웃고 있습니다.
호수 속에도 웃는 얼굴이 있습니다.
뭉실뭉실 뭉게구름 바람결에 헤엄쳐 웃는 얼굴 위에 겹칩니다.
여행 잘 왔구나!

산과 하늘 구름 호수와 바람과 내가 친구가 됩니다.
산과 하늘 구름 호수와 바람과 내가 하나 됩니다.
구름을 탄 마음 산 위에 올랐다가 호수에 차분히 내려앉습니다.
바람에게 속삭이며 하는 말, 또 와야지!

인생이란

인생은 식물이 꽃 피우는 모습과 같습니다.

시도 때도 없이 마구 흔들리며 피고 지는 꽃이 사람과 참 많이 닮아 있습니다.

그러니 지금 꽃잎 떨어졌다고 낙담할 필요가 전혀 없는 것입니다.

꽃 떨어짐은 열매를 맺기 위한 필수과정.

가뭄 속에 핀 꽃도 단비에 열매 맺을 수 있듯이

고단한 삶 속에 핀 꽃과 열매는 더욱 귀하고 달콤한 삶의 향기를 제공해 줄 것입니다.

사회에서 배우다

꽃 사진
보며

이른 아침 창밖에 내려다보이는 목련꽃이 너무 예뻐 가만히 있을 수 없었습니다.

사람들이 나오기 전에 스마트폰 카메라로 거리를 당겨 하얀 목련꽃을 확대해 사진을 찍었습니다.

사진 속 봄 빛깔이 너무 곱습니다.

목련만 있는 것이 아니라 새로 돋아나고 있는 청단풍나무 새잎에 연둣빛이 들어 있고, 그 위에는 흐드러지게 피어 하얀색에 가까운 연분홍 벚꽃잎들이 함께 있었습니다.

더구나 왼쪽 아래 구석에는 지금 막 돋아나 넓은 잎을 채 펼치지 못한 붉은빛이 감도는 단풍나무 잎이, 그 왼쪽 옆에는 원추 모양 꽃이 화려하게 필 칠엽수가 자리를 차지하고 있었습니다.

 이 작은 사진 한 장 속에서만도 여러 종류의 식물들이 모여 어우러짐으로써 서로의 빛깔을 더욱 아름답게 빛내 주고 있다는 사실을 발견하게 되었습니다.

 이들의 조화로운 모습은 회색빛 시멘트 바닥마저도 근사하게 만들어 주고 있었던 것입니다.

 먼 거리에서 만일 백목련 꽃만 사진에 찍혔다면 이렇게 아름답지는 못할 것입니다.

 사람도 혼자 있을 때보다 함께 자연스런 조화를 이룰 때 더욱 그 진가가 나타나고, 모두를 위할 때 더욱 빛이 난다는 것을 새삼다시 한번 떠올리게 되는 아침입니다.

 스마트폰 사진첩에서 또 다른 노랗게 네 송이가 피어 있는 호접란과 재회합니다.

 수 개월간 볼품없이 녹색 잎 몇 장만 덩그러니 화분에 앉아 있는 모습이 보기 싫어 버릴까 생각했던 적도 있는 호접란에, 해마다 힘들게 꽃대가 올라와 막상 노란 꽃을 피우기 시작하면, 피고 지기를 반복하면서 서너 달은 즐겁게 해주는 이 맛에 물을 주고 있습니다.

 지금도 여전히 거실에는 호접란이 활짝 피어 있습니다. 막상 꽃

사회에서 배우다

이 피기만 하면 존재감은 대박이며, 1년에 한 번 피길 기다리며 물 주는 시간도 배움의 시간입니다.

이렇듯 호접란도 오랜 시간 꽃을 피움으로써 스스로 살아남는 방법을 알고 있다는 것을 생각하면, 붙박이 식물보다 움직이는 우리들은 아무리 힘들더라도 쉽게 살아 낼 수 있다는 용기와 함께, 더욱더 잘 살아야겠다는 생각을 하게 됩니다.

이른 봄 차가운 비바람과 눈 속에서 피어나는 반가운 매화꽃 사진도 있습니다.

다음 사진은 오렌지 재스민 열매 사진입니다.

유난히 작은 꽃에서 짙은 향기를 뿜어내다 지쳤는지 다른 꽃보다 빨리 진 자리에 초록 열매가 맺혀 주홍빛으로 변합니다.

이때 둥근 알이 점점 굵어지면서 점점 빨간 열매로 변해 갑니다.

붉디붉은 탐스런 열매가 수 개월간 주렁주렁 맺혀 있는 것이 오렌지 재스민 꽃보다 더 사랑스럽습니다.

완전히 익은 물렁물렁한 새빨간 열매가 운 좋게 주변 화분에 떨어지면 새싹이 돋아 다시 꽃을 피울 수 있습니다. 운 좋은 재스민을 발견한 뒤 씨앗을 화분에 심어 줬더니 쉽게 새싹을 만날 수 있었습니다.

이렇게 작은 식물에게서 윤회를 생각하게 되고, 눈으로 보고 느끼면서, 싹 트기를 기다리는, 기다림이라는 시간 속에 살아 있는 생명에 대한 존엄성을 배우기도 합니다.

계속 손가락으로 밀어 올리면서 그동안 찍어 두었던 꽃 사진들을 감상합니다.

노란 생강나무 꽃과 산수유 꽃, 민들레 꽃, 제비꽃, 단풍나물꽃, 라일락, 붓꽃, 꽃다지, 이름 모를 들꽃 등 제 눈에 들어온 꽃들이 참 많기도 합니다.

꽃 사진은 아름다운 순간들을 멈추게 하고, 아름다웠던 그 시간에 초대받아 머무는 것 같은 느낌을 받게 해주는 특별한 타임머신 역할을 해줍니다.

그러고 보니 '꽃 속에 묻혀 살았네!'
'식물을 좋아하는 줄 알았는데 결국 꽃을 좋아한 거구나!'

이렇게 꽃 보며 웃고 있는, 꽃 좋아하는 나를 또 만납니다.
이름 없는 어느 날 누군가에게 갑자기 꽃다발이라도 받으면 횡재라도 한 듯 기쁠 것 같습니다.
'이만하면 잘 살고 있고 잘 사는 거지, 뭘 더 바라……'
'뭘 또 바라……'

사회에서 배우다

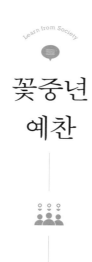

꽃중년
예찬

꽃중년 참 예쁜 이름입니다.

꽃중년, 부르는 순간 차분함까지 느껴져 마음에 듭니다.

그러나 어딘가 모르게 애잔함과 서글픔이 묻어나기도 합니다.

대부분이 부모님 받들어 모시고 선후배님들 깍듯이 챙길 줄 알고 자식들에게 헌신한 세대들입니다.

100세 시대에 살면서 자신의 몫은 야무지게 챙기지 못한 어정쩡한 세대이기도 합니다.

아래로는 3포 시대의 청년을 먼저 챙겨야 하는 세대이자 자식에게 기대면 시대에 뒤떨어진 삶을 살게 되는, 그 어느 세대보다도 부지런히 살아온 대견한 세대입니다.

막상 꽃중년이 되었다는 사실을 인정하고 싶지 않을 만큼 마음은 아직도 청춘입니다.

갑자기 고등학교 교과서에서 배웠던 수필 〈청춘예찬〉이 생각나 검색을 해서 처음부터 끝까지 정독했습니다.

여고 시절 낭독하며 가슴이 마구 부풀어 오르는 느낌을 받았었는데 수십 년이 지난 지금 읽어도 역시 가슴이 뛰는 참 좋은 글이었습니다.

그래, 그동안 그렇게 마음이 공허했던 이유가 '이상'이라는 보배를 마음으로부터 너무 빨리 비워 버렸기 때문이라는 걸 알아차림 하는 순간, 마음으로 한참을 울었습니다.

그동안 그렇게 갈증을 느끼면서 찾으려 했던 것이 바로 잃어버렸던 청춘만이 누릴 수 있는 특권인 '이상'의 보배였던 것이구나!

지금이라도 다시 이 '이상'을 가슴 깊이 품어야겠다는 생각을 합니다.

서서히 식어 가고 있던 심장에 이상의 보배를 콕 박으면 뜨거운 열정이 봇물 터지듯 터질 테니 이제는 끄떡없이 흔들리지 않을 '이상'이라는 청춘 배터리를 장착했다고 말할 수 있겠습니다.

보물 같은 이상을 가슴에 품고 있는 한 청춘 같은 꽃중년을 꽃다발 받듯 즐겁게 맞이해 즐길 수 있을 것 같습니다.

그동안 추구해 왔던 삶의 가치가 이상이라는 보배와 정확하게

사회에서 배우다

맞물려 완전체가 된 느낌이랄까, 아무튼 속이 갑자기 뜨거워지더니 뻥 뚫리는 듯한 쾌감을 일시적으로 느꼈습니다.

이상을 품은 청춘 같은 꽃중년!
일시적인 느낌이긴 하지만 짜릿한 쾌감이었습니다.

돌이켜 보니 청춘 시기에 청춘이 없었던 것 같습니다.
보편적으로 말하는 청춘 시기에 불행하게도 마음속에 애늙은 이가 들어 있었던 것 같습니다.

78세에 사무엘 울만이 쓴 유명한 시에서는 청춘이란 의지력, 풍부한 상상력, 불타오르는 열정처럼 어떤 시기가 아닌 마음가짐 상태를 말하고 있으니, 이 말에 의하면 감사하게도 지금이 청춘인 듯합니다.
마치 인생을 거꾸로 사는 사람처럼 마음은 청춘에서도 점점 어려지고 있는 것 같습니다.

'이상'을 품는 한 청춘의 꽃중년은 더욱 빛나는 삶을 만들 것이며, 함께 베풀고 맛보게 될 기쁨을 여전히 누리게 될 것임을 노래합니다.

'이상'을 품은 뜨거운 청춘의 꽃중년을 예찬합니다.

꽃중년 예찬

어미 문어에게
배우다

피문어가 가장 맛있을 진달래꽃 필 무렵이면 주문진에 가서 동해안 피문어를 사는 일이 연례행사였던 적이 있습니다.

친정어머니께서 치아를 새로 해 넣으시고부터는 해마다 봄이면 주문진에 들러 문어를 사 가지고 친정 빈집에서 커다란 무쇠솥에 문어를 삶고 텃밭에 강낭콩을 심어 놓고 춘천으로 돌아오곤 했습니다.

그 후 어쩌다 문어가 생각나면 가까운 가락동 수산시장에 들러 질긴 돌문어로 대리만족을 할 정도로 좋아하던 문어를 당분간은 먹지 못할 것 같습니다.

교육방송에서 문어가 알을 낳아 부화시키고 죽어 가는 과정을

본 뒤로는 홈쇼핑에서 썰어 손질한 동해안 피문어를 판매하는데
도 주문하고 싶은 생각이 전혀 없었습니다.

바위와 돌로 된 작은 굴속에 커다란 어미 문어가 잔뜩 웅크리
고 있었습니다.

어미 문어의 머리 위 바위에는 주렁주렁 맺힌 알들이 기다랗게
늘어져 붙어 있었고, 문어는 이 알들을 끊임없이 흔들어 주면서
산소를 공급해 주고 있었습니다.

주변에 있는 물고기들이 알을 빼앗아 먹으려고 호시탐탐 기회
를 엿보자, 문어는 기다랗고 굵은 팔을 뻗어 알들을 감싸 안고 적
들로부터 필사적인 보호를 하고 있었습니다.

알이 어느 정도 자라 초록색으로 점점 변화할 무렵 어미 문어
는 긴 팔로 주변의 조개껍데기나 굴 껍데기를 끌어당겨 허물어진
대문을 감탄할 만큼 지능적으로 보수하고 있었습니다.

'어미 문어가 사람보다 낫구나!'

아기를 검은 쓰레기봉투에 넣어 버린 비정한 모성애에 대한 뉴
스가 생각나 저절로 탄식이 터져 나왔습니다.

드디어 알이 부화하고 산란과 부화를 마친 어미 문어는 기진맥
진해진 채 지친 몸을 이끌고 굴 밖으로 나옵니다.

이렇게 지친 어미 문어는 주변의 물고기들에게 대항할 기력마

저 알의 부화에 모두 소진해 버리고, 축 늘어진 채 작은 물고기가 다가와도 도망을 갑니다.

잠시 후 어미 문어는 도망칠 힘도 없어 힘들어하다가 가장 먼저 참돔에게 튼튼했던 다리 하나를 처참하게 뜯깁니다.

그 후 문어에게서 살아 있는 생명력이 느껴지는 가운데 남은 다리들은 작은 물고기들의 먹잇감이 되며. 결국 다리를 뜯기면서 죽어 갑니다.

죽어 가면서 눈알 움직이는 모습이 어찌나 애처롭던지 지금도 눈에 선합니다.

어미 문어의 사체는 도미도 먹지 않고 주변을 어슬렁거리다 돌아가 버리면, 뒤에 말미잘이 다가와서 먹어 치우고 나머지 너덜너덜해진 어미 문어의 살점은 물결에 둥둥 떠서 흔들립니다.

다리들이 뜯겨 나간 어미 문어 사체가 바닷속에서 흔들리는 모습은 슬프다기보다는 어미 문어의 거룩한 삶을 느끼게 됩니다.

이렇게 어미 문어가 자신의 살점을 떼어 주면서 죽어 가는 동안 문어 알들은 완전한 부화를 끝낼 수 있을 것이며, 어미 문어 다리를 뜯어 먹은 주변의 배부른 물고기들로부터 갓 부화한 어린 문어들은 비교적 안전하게 시간을 벌 수 있을 것입니다.

어미 문어가 목숨을 희생하면서까지 수많은 알을 지켜 내는 숭고한 부화 시간은, 열 달을 품어 아기를 출산해 사랑으로 키워 내는 어머니의 마음이나 다를 바 없는 더없이 성스러운 광경이었습니다.

새 생명의 탄생에 있어서만큼은 식물 세계나 동물 세계와 인간 세계가 별반 다를 것이 없음을 말해 주고 있었습니다.

새 생명이 세상에 나오기 전 준비과정부터 탄생 뒤에도 부화한 새 생명이 완전하게 마음대로 움직일 수 있기까지, 죽을힘을 다해 지극정성으로 보살피는 문어의 모성애는 오히려 몇몇 가슴이 메마른 인간들이 보고 배워야 할 아름답고 신비로운 광경으로 아주 오래 기억될 것 같습니다.

제주 바다의 물속 사회나 우리가 사는 사회가 먹이사슬처럼 연결된 약육강식이 판치는 세계라는 점에서 비슷하다고 생각되는 놀라운 사실도 새삼 알게 되었습니다.

어미 문어가 알을 부화시키는 생명의 신비는 학부모 교육자료나 중·고등학교 성교육 자료 등으로 활용해도 좋을 것 같습니다.

이렇게 어미 문어에게서 부모의 도리를 다하는 헌신과 책임감이라는 시사점을 배우게 됩니다.

자성 예언

　엊그제 둘째가 대학교를 졸업하고 모교 가는 길에 중3 은사님을 찾아뵙고 온다기에 마지막 남은 《자연에서 배우다》를 한 권 보내드렸더니 이처럼 시 같은 답장이 오늘 스마트폰 메시지로 왔습니다.

　사다 드렸던 비타민 음료를 두 병 꺼내 보내 주신 점만으로도 선생님의 넉넉하신 인품을 읽기에 충분했었는데, 아들을 위한 자성 예언이 담긴 정성 어린 문구가 가슴을 뭉클하게 했습니다.

벚꽃 날리는 봄날 깊고 오묘한 자연 선물이 날아왔습니다.
잘 받았습니다.
뭐라 감사해야 할지.

수줍은 마음뿐입니다.
오렌지 재스민꽃 한 송이
짙은 향기 내뿜고 여러 송이 꽃피울
광○의 삶에서 사랑을 보았습니다.
감사합니다. 어머님.

메시지 내용으로 보아 보내드린 책을 그새 모두 읽으셨나 봅니다. 월요일에 수업도 있으신 걸로 알고 있는데 밀쳐 두지 않고 하루 만에 읽으신 것만으로도 감동입니다.

봉투가 닫혀 있어 내용물을 읽어 보지 못하고 선생님께서 주신 입학 서류를 받아 등기로 보냈었는데 '예술 고등학교 추천서도 이렇게 정성껏 써주셨나 보다.'하는 생각이 들자 더욱 감개무량했습니다.
몇 번 더 선생님과 메시지를 주고받으면서 우리 선생님께서 미술에 조예 깊으실 뿐만 아니라 시적 감수성도 풍부하신 분이라는 생각이 들었습니다.

이렇게 좋은 인성과 재능을 겸비하신 선생님께 가르침을 받았다는 감사한 사실과 수년이 지난 오늘에서야 선생님의 내면을 좀 더 깊이 알게 된 것도 감사한 일이며, 사립학교라 전근 가실 일 없어 언제든지 찾아뵙고 좋은 말씀 들을 수 있는 분이 가까이에 계신다고 생각하니 더욱 마음 든든합니다.

이렇게 오늘 아들에게 잔소리하지 말아야 할 이유가 하나 더 생겼습니다.

더구나 방금 수지 고기리에서 흩날리는 벚꽃 비 맞으며 둘째랑 웃으면서 기분 좋게 돌아왔던 터라 아들 은사님의 메시지는 카페에서 오샘 언니랑 함께 나눴던 이야기 흐름과 유사성이 있기도 해 감사하고 신기한 마음에 캡처를 해서 서둘러 출근한 광○에게 보내 주었습니다.

오픈 시간을 줄 서서 기다리는 밥집에서 우연히 고교 시절 음악 선생님을 만나 반갑게 한참을 대화하고 있는 처음 보는 아들 모습도 보기 좋았고, 공교롭게도 모두들 약속이나 한 듯 오후에 통화하던 푸르지오 언니까지도 광○를 위해 자성 예언 듬뿍 해주시니, 주변에 따뜻한 관심을 주시고 사랑을 주시는 분들이 많이 계신다는 점도 감사할 일입니다.

살면서 좋은 일이 있었을 때를 보면, 좋은 일이 있기 전과 후로 저절로 모든 일들이 좋게 흘러가고 있다는 느낌을 받곤 했었는데, 이 글을 쓰고 있는 지금이 그런 전조증상쯤으로 느껴지는 듯합니다.

서두르지 않고 마음의 여유를 갖고 믿고 기다려 주는 것만이 자식의 앞날에 도움이 될 것이라는 믿음은 변함없습니다.

사회에서 배우다

믿는 자에게 복이 온다니 하느님 부처님 믿듯이 자식들을 믿어주면, 자신들이 원하는 성취된 삶을 멋지게 살아갈 수 있으리라 믿습니다.

아무것도 안 하는 것이 자식을 도와주는 일이란 것을 잘 알고 있지만, 그래도 자식을 위해 무엇인가 하고 싶어 이렇게 기도하는 마음으로 자성 예언을 일기 쓰듯 문자화시켜 남기는 중입니다.

"두 아들 하루빨리 성공해서 분가하기를 희망합니다."

사회를
들여다보면

사회에서 배우는 것이야말로 오감을 통해 보고, 듣고, 배우는 그 이상의 것들을 받아들일 수 있는 곳으로, 사회는 살아 있는 교과서이자 사회구성원들은 살아 있는 개인 과외 선생님과 다름없다는 생각이 듭니다.

사회야말로 학교를 졸업하고 나서도 우리가 죽는 날까지 머물게 될 정말 이상적인 배움터요, 수시로 변화하는 사회현상이야말로 살아 있는 교과서인 셈입니다.

스승님들은 더욱 말할 것도 없고 부모님, 형제자매, 직장동료, 이웃들, 심지어는 식사를 함께한 지인들이나 오늘 방문하신 정수기 코디님까지 주변의 모든 분들이 그동안 알게 모르게 크고 작은 가르침을 주셨던 배움의 대상이라 할 수 있을 것입니다.

여기서 잊지 말아야 할 중요한 것은 학교 교과서도 세월이 흐르면 내용적 구성이 바뀌듯이, 살아 있는 교과서들은 교과서보다 더 빨리 변화무쌍하다는 것입니다.
이 사회의 구성원들인 살아 있는 교과서들은 개인적으로 운이 좋거나 노력 여하에 따라 달리 변한다는 사실입니다.

어떤 살아 있는 교과서들은 대부분 참고서 그 이상의 배움을 얻을 수 있지만 어쩌다 살아 있는 불량 교과서를 만나게 되면 배우지 아니함만 못한 결과를 불러올 수도 있다는 것입니다.
그래서 사회에서 배우기 전에 기초적인 안목을 어느 정도 갖춰야만 살아 있는 좋은 교과서와의 인연이 닿아 좋은 인연으로 지속될 수 있으며, 긍정적 배움으로까지 연결 가능하게 되는 것입니다.

설령 우리가 살면서 실패를 거듭했다손 치더라도, 다음 날 또 이 변화하는 사회라는 살아 있는 움직이는 교과서를 펼치면서 새로운 세계에 들어가는 것이나 마찬가지라 할 수 있을 것입니다. 그러니 오늘도 내일도 새날, 새로운 사회에서 다시 새롭게 배워 나가면 됩니다. 여기서는 지혜로운 용기가 끊임없이 필요한 것 같습니다.

운이 없거나 어리석어 실패에 실패를 거듭하더라도 실패를 반

사회를 들여다보면

면교사로 삼는다면, 언젠가는 우리가 사는 사회 속에서 살아남는 방법도 터득하게 되고 성공하게 될 것입니다.

설령 자신이 미처 배우지 못했더라도 컴퓨터, 스마트폰, 인공지능과 같은 사회구성원들이 만들어 낸 연구물의 발달된 변화들을 받아들이면 자신이 가진 능력보다 쉽게 목표에 도달할 수 있는 방법도 있습니다.

포기하거나 좌절하지 않는 열정과 희망만 있다면 언제든지 다시 일어설 수 있고 견고하게 성공할 수 있는 기회는 얼마든지 만들어 낼 수 있다고 봅니다.

영원한 실패와 영원한 성공도 없다고들 합니다. 살아 보니 저도 이 말에 공감하게 되었습니다.

지금 당장이 아니더라도 성공이나 목표에 도달하기 위해선 우리가 미처 인지하지 못하더라도 더 쉽고 편리한 방법이 저절로 주어지거나 점점 더 빨리 찾을 수 있게 되어 수많은 정보 속에서 자신에게 알맞은 좋은 방법을 모색할 수 있는 '좋은 운'이 있다는 것도 염두에 둘 필요가 있습니다.

현재 많이 힘들더라도 장기전으로 준비해서 도전한다면 언젠가는 '운이 트일 것'이라는 긍정적인 사고를 하고 희망을 갖는 것 또한 훌륭한 능력이라는 생각이 듭니다.

살면서 적어도 세 번의 기회가 온다고 하니 기회가 왔을 때 잡

사회에서 배우다

을 수 있도록 끊임없이 준비하는 노력이 병행된다면 희망 고문과는 구별될 수 있을 것입니다.

이것이 우리가 삶을 포기하지 않고 긍정적인 사회 변화를 받아들이면서 '살아만 있으면', 언제든 자신에게 좋은 기회는 온다는 뜻이기도 한 것입니다.

이 사회에서 성공한 사람들의 삶의 태도나 방식을 알고 본보기로 삼으면서, 때를 기다려 보는 것도 중요하다고 봅니다.

모든 삶의 성공적 요소는 좋은 습관이라고 생각합니다.
경제적으로 성공한 사람이나 노년에 젊은이들과 맞먹는 건강을 과시하는 사람, 자식 농사를 성공적으로 한 사람, 사회적으로 존경받거나 모범적인 삶을 살아가는 사람 등 어떤 한 분야에서 비교적 성공한 사람들의 공통점은 꾸준한 좋은 습관을 가지고 있다는 것을 알게 되었습니다.

게다가 성공한 사람들의 삶을 들여다보면 공통적으로 시간관리를 잘한다는 것입니다. 그들의 의식은 늘 깨어 있었습니다.

꾸준히 여가를 즐기고 운동을 통해 건강관리를 하고 있었습니다.
운동은 죽어 가는 뇌까지 살리는 효능이 있다고 하니, 기억력이 좋아지고 몸매관리 등이 수반된다면 사람들 앞에 좀 더 당당한 자신감으로 다가설 수 있기에, 여가와 운동은 목표도달에 충분히 도움이 된다고 봅니다.

취미에서 직업으로까지 확대되어, 여가로 즐기면서 시간 가는 줄 모르고 많은 시간과 노력을 투자하지만 스스로 힘든 줄 모르고 일하기에, 정작 자신은 작은 노력으로 성공했다고 말하는 경우도 있었습니다.

소위 사회에서 어느 정도 성공했다고 보이는 사람들은 종교를 삶의 전부나 가장 우선시하는 삶을 엿볼 수 있었습니다.
종교생활을 통해 가정의 위기를 극복하고 부부간의 화합 또는 가족의 화합이 잘 이루어졌으므로 안정된 학교생활이나 사회생활이 곧 성공으로 비교적 쉽게 연결되는 사례를 볼 수 있었습니다.

이 밖에도 성공한 사람은 소비를 합리적으로 한다는 것이었습니다.
뿐만 아니라 인간관계에 있어서 자기주관이 뚜렷하고 싫고 좋음이 분명했으며 이를 상대에게 정확하게 전달할 수 있는 용기가 있어 스트레스를 덜 받는 것 같았습니다.

마지막으로 성공한 사람들은 아무리 바빠도 시간을 쪼개 삶을 즐기는 자세가 습관이 되어 있었습니다. 여행, 문화 예술 공연이나 전시회, 영화 등을 수시로 감상하는 문화 저축을 많이 한다는 사실입니다.

그리고 어떠한 방법으로든지 봉사와 나눔을 실천하고 있었습니다.

이처럼 들여다본 사회의 살아 있는 교과서들로부터 배운 여러가지 사례들을 모두 흉내 낼 수는 없는 일이고, 그동안 유지해 왔던 장점은 지속시키면서 즉시 할 수 있는 쉬운 일부터 실천해 보면 좋을 것 같습니다.

우선 정리정돈을 잘하기 위해 가구 위치를 재배치하고 필요 없는 물품은 이웃과 나눔하고 청소를 깨끗이 합니다. 특히 가스레인지 주변을 깨끗이 하고 컵과 그릇을 엎어 놓지 않는 등 풍수 인테리어에서 말하는 소소한 것들도 소홀히 하지 않았습니다. 그만큼 부지런하다는 뜻이기도 합니다.

실패 요인 중 하나인 과거의 소비습관을 버리고 바꾸어야만 합니다. 지금의 빚은 과거 삶의 부정적인 결과이므로 빚을 청산하기 위해서는 과소비를 부추기는 요인을 찾아 없애야만 합니다.
자동차는 가정에서 소비지출이 가장 큰 요소 중의 하나이므로 잘 관리해서 탈 수 있는 데까지 타는 것도 저축을 늘리는 한 방법입니다.

본보기 되는 사람의 특징을 모델로 이미지 트레이닝을 통해 뇌에 각인시키는 활동을 반복적으로 함으로써, 적극적으로 긍정적인 삶의 변화를 추구합니다.

과거의 습관을 고치려면 처절하리만큼 자신과의 싸움에서 이겨야 할 것입니다.

성공도 성공해 본 사람만이 그 맛을 알게 되므로, 성공하기 위해서는 작은 것부터 성공하는 습관을 기르는 것도 매우 중요하다고 생각합니다.

조용히 지금 살고 있는 사회를 들여다봅니다.

그 속에는 사랑하는 가족들이 있고 좋아하는 친구들과 지인들, 그리고 타인으로 느껴지는 사람들까지 보입니다.

우리가 서로 눈을 마주치지 않고 마음의 문을 닫고 있으며 그들을 알려고 하지 않을 뿐, 우리 관심 밖의 그 타인들도 또 누군가를 사랑하는 가족들이고, 누군가의 선생님이자 친구들이며, 지인들이고, 이웃이 될 것입니다.

그 타인들 역시 우리들을 관심 밖으로 여길 것이며, 타인으로 보일 것입니다.

이러한 사회 속에서 우리들이 살고 있다고 생각해 보면, 긍정적인 마음으로 접근하거나 입장을 바꾸어 생각해 보고 내가 먼저 다가선다면, 이 사회는 보다 살 맛 나는 따뜻한 사회가 될 것입니다.

사회에서 배우다

사랑스러워

코로나19가 사랑이라는 단어조차 멀어지게 한 것 같은 요즘, 마스크를 벗어 던지고 맘껏 웃어볼 새도 없이 사방에서 산불 소식이 들려와 잔잔했던 마음을 씩씩거리게 만듭니다.

어떻게 가꾸고 가꾼 녹지조성인데, 해마다 단 몇 시간 만에 산천초목을 숯덩이로 만들어 버리는지 산불이 야속할 뿐입니다.

속수무책으로 뉴스로 바라볼 수만은 없어 비가 오게 해달라고 기도를 했습니다.

작년 여름에는 태풍 힌남노가 눈감고 온화하게 그냥 스쳐 지나가 달라고 기도하더니 올봄에는 비가 어서 오기를 바라면서 기도하면서도, 인간의 알량한 내면을 신께 보이는 것 같아 스스로가 민망한 느낌이 드는 건 어쩔 수 없었습니다.

마침 일기예보에 비 소식이 있기에 이왕 올 거면 듬뿍 내리게
해 주십사…….

이번에도 역시 신은 제 편이었으며, 기다리고 기다리던 달달한
단비가 밤낮을 가리지 않고 계속 내려 대지를 흠뻑 적셔 주었습
니다.

비가 올 때면 왠지 모를 기분에 마음이 차분히 가라앉던 제가
콧노래를 흥얼거리고 있다는 변화를 알아차림 하면서도 웃음이
났습니다.

이 단비가 가녀린 벚꽃잎과 백목련 꽃잎들을 현실에서 모두 데
리고 갔습니다.

하지만 타다 남은 불씨까지 남김없이 데리고 간 사랑스런 봄비
로 누구에게나 기억될 것 같습니다.

또다시 보랏빛 라일락꽃과 향기도 데려올 것이란 걸 알고 있습
니다.

비 온 뒤 오랜만에 햇살이 웃고 있는 완연한 봄날, 온 가족이
점심을 먹고 둘째가 설거지를 해준 덕분에, 커피 한 잔 내려 베란
다로 나와 따사로운 토요일 오후를 맘껏 즐깁니다.

오랜만에 산책 나온 강아지처럼 코를 킁킁거리며 어젯밤에 두
번씩이나 나왔던 베란다에 다시 서있습니다.

사회에서 배우다

커피 향이 좋은지 브룬펠시아 재스민 향이 좋은지 분간하기 어려운 아주 행복한 순간입니다.

올해도 어김없이 재스민은 향기를 뿜어 주고 있으며, 저 또한 입꼬리가 연신 올라가고 있습니다.

이른 봄에 잎이 병들었으리라는 판단에 재스민 향기가 주는 아로마테라피는 올봄 계획에서 비웠었는데, 마음을 비운 탓일까 더 많은 재스민 꽃들이 피어나서 달콤한 향기로 마음 치료를 완전히 말끔하게 해줍니다.

산불로 씩씩거리던 마음도 어느새 달콤한 향기로 가득 채워졌는지, 투덜거림 대신에 트로트를 흥얼거리고 있습니다.

안방에서 베란다로 향하는 문과 거실 복도로 향하는 문을 동시에 열어 놓았더니, 복도에서도 브룬펠시아 재스민 향을 느낄 정도로 예년보다 훨씬 많은 꽃송이들이 잔가지 구석구석까지 다닥다닥 피었습니다.

"사랑스러워."

"아! 사랑스럽다."

"정말 향기롭다!"

사랑스런 단어가 자신도 모르는 사이에 무심코 저절로 입에서 튀어나옵니다.

남자 셋에 여자 한 명이라는 가정에서, 이 나이에 뭐가 그리 사랑스러운 일이 있을까요?

아마도 이런 식으로 브룬펠시아 재스민 향과 오렌지 재스민 꽃향기, 스파트필름 꽃향기를 해마다 수 주일씩 번갈아 맡아 오면서 살아 있는 향기 치료요법(아로마테라피) 효과를 톡톡히 본 듯합니다.

10년째 해마다 꽃향기에 취하고, 꽃향기에 가슴 설레었던 시간들이 쌓이고 쌓여서, 마음속에 어둡고 케케묵은 감정들과 잡념들을 깨끗하게 쓸어 갔나 봅니다.

올봄 달달한 봄비가 흠뻑 내려 벚꽃과 백목련 꽃잎들을 모두 휩쓸어 갔듯이, 우리 집 향기 요정들은 곰팡내 나는 무거운 마음을 모두 벗겨 버리고, 사랑스런 향기 요법으로 살아 있는 향기 치료 마술을 부렸나 봅니다.

단비가 미세먼지도 함께 훑어 내렸는지 가을 하늘처럼 유난히 파란 봄 하늘도 사랑스럽게 느껴집니다.

재스민 꽃향기와 함께 티 없이 맑은 하늘을 가슴에 담았더니, 마음까지 후련해지고 티 없이 맑아진 기분이 듭니다.

나잇살에 굳어 가던 마음은 다시 노글노글 나근나근해지고 거칠어진 입에선 다시 사랑스런 콧노래가 흥얼거리고 있습니다.

해마다 길고 긴 시간 동안 물값만 내고 아침부터 잠자면서까지, 살아 있는 아로마테라피를 베란다와 거실에서 맘껏 받을 수 있는 호사를 누리고 있었다는 사실을 알게 된 지금이, 바라고 바라던 소소한 행복이 현실이 되었다고 자각하는 순간입니다.

물밖에 준 것이 없는데 이렇게 '우울한 마음'을 치료해 준 반려
식물들에게 너무나 큰 선물과 사랑을 받았으니, 다시 저는 이 향
기롭고 사랑스런 선물을 공유하고자, 향기 나는 글로 사회에 환
원하는 작업이라도 열심히 해야겠다는 생각이 듭니다.

온 집 안을 달달한 향기로 흠뻑 젖어 들게 만들었으니, 이제는
베란다 창문을 활짝 열어 날아가는 새들에게도 향기를 나누어 주
어야겠습니다.
올핸 또 어떤 운 좋은 새가 창가에 날아와 앉아 향기 느끼며 머
물다 가게 될는지 은근히 기대되는 달달한 봄날 주말 오후입니다.

달콤한 꽃향기에 취한 사랑스런 새가 편히 오래 앉아 쉴 수 있
도록, 이번에는 신기한 눈빛보다는 사랑스런 눈빛으로 맞이할 수
있을 것 같습니다.
훌쩍 날아가 버릴까 봐 숨도 멈추고 있었지만 이제는 자연스럽
게 편안한 마음으로 함께 향기를 나눌 수 있을 것 같습니다.

꽃향기마저 공유하고 나누고 싶은, 마음에 작은 변화가 일어나
고 마음이 바뀌니 외로운 시간이 지나가고 사랑스런 온기가 주변
에 가득 깃들어 있음을 느낄 수 있으며, 손가락으로 머리카락을
빗질하는 순간에도 브룬펠시아 재스민 향기가 물씬 풍깁니다.

사랑스러워

이렇게 해마다 다시 사랑스런 재스민 꽃봉오리에 보랏빛 꽃물 오르면, 달콤한 향기 뿜으며 어김없이 다가와서, 다년간 그늘졌던 삶에 인생 꽃필 날 머지않았음을 콧등 간질이며 속삭여 주는 듯 행복합니다.

오늘은 그 어느 해보다도 달콤한 재스민 향기에 취한 가장 사랑스런 봄날이요, 사랑스런 인생을 맞이하는 중입니다.

브룬펠시아 재스민꽃들이 아래부터 피어 위로 올라오듯이, 그래서 향기로운 꽃 탑을 쌓는 것처럼. 엊그제는 온 누리 벚꽃으로 초석을 만들어 그 위에 목련꽃 향기를 쌓고, 다음은 브룬펠시아 재스민꽃 향기를 얹은 뒤, 내일이면 활짝 필 스파트필름 향기를 올리다 보면, 라일락 향기 그윽한 봄날은 갈 것입니다.

이처럼 오랜 세월 켜켜이 쌓이고 쌓은 꽃향기로 마음까지 물들이다 보면, 저절로 뼛속까지 향기로운 삶이 용기 내어 성큼성큼 다가올 수 있는 빌미를 만들어 낼 수 있을 것으로 생각됩니다.

꽃 속에서 살다 보니 생각까지도 향기로워지듯이, 사람들이 지나가고 난 자리에서도 좋은 향기의 여운이 오랫동안 남아 있는 향기로운 사회를 꿈꿔 봅니다.

"쨍 쨍하고 브룬펠시아 재스민꽃이 활짝 피었습니다."
"쨍하고 해 뜬 날 돌아왔습니다."
"쨍하고 인생 꽃도 피었습니다."

사회에서 배우다

이제 우리는 적당히 애달파하고 적당히 안타까워하며 적당히 슬퍼하면서, 온 힘을 다해 바뀐 마음 잘 챙기며 정성껏 살아야겠습니다.

생성형 인공지능시대와
스파트필름 꽃

《사회에서 배우다》 탈고 막바지 무렵에 드디어 스파트필름 꽃이 거실 구석에 피어올랐습니다.

스파트필름은 꽃이 많이 피면 초록 잎이 부실해지니 꽃대를 잘라 주면 좋다는 말을 듣고 일리 있다고 판단되기에, 작년에 꽃대가 올라오자마자 열심히 잘라 주었지만 무성하게 자라던 잎마저 반란을 일으키는 듯 부실해졌습니다.

공기정화를 목적으로 들여왔으니 꽃보다는 잎이 잘 자라기를 바라는 과욕이 부른 결과였기에, 영양제도 꽂아 주며 돌봤지만 수시로 올라오던 꽃대도 자취를 감춘 지가 수개월 지났습니다.

그러던 차에 기다리고 기다리던 스파트필름 꽃봉오리 네 송이가 올라왔으니 얼마나 반가운지…….

그중 한 송이에서 어제부터 짙은 향기를 가끔씩 뿜어대며 혼미하게 만들고 있으니 외출도 미루고 곁에 머물고 있는 중입니다.
꽃 노래가 콧노래 되어 툭툭 튀어나오는 여기가 바로 꽃놀이 동산 무릉도원이지 싶습니다.

도깨비방망이처럼 신기하게 생긴 꽃을 맘껏 휘두르는 상상을 하면 뚝딱뚝딱 어떠한 소원들도 모두 꽃들의 요정이 들어 줄 것만 같은 착각에 빠져들어 기분이 더욱 좋아집니다.
올해 들어 첫물 꽃이니 지금부터 또 얼마나 피어나와 기쁨을 줄는지 기대가 큽니다.

스파트필름 꽃에서 단숨에 떠오르는 이야기들을 적어 봅니다.

거실 한구석 작디작은 초록 숲에서
도깨비방망이를 감싼 순백의 느낌표가
줄기를 뚫고 쑤욱 쏙 쏘옥 쑥 제각각 올라와서
높낮이를 달리한 채 세상을 거꾸로 보고 서있습니다.

초록 잎 뒤에 뽀얀 느낌표가 숨어 있습니다.
너는 세상을 거꾸로 보는 중이구나.
숨지 말고 햇살을 정면으로 느껴 보렴.

거꾸로 보는 세상은 어떠니?

며칠 사이 부풀어 오르던 오동통한 느낌표가
손바닥만 한 넓적한 새하얀 이파리를 병풍처럼 두르고
밤새 새하얀 도깨비방망이 들고서 우뚝 섰습니다.
위풍당당 떡 벌어진 기세에 거실이 환해집니다.

뾰족뾰족 도깨비방망이 뚝딱
세상의 모든 슬픔이여 사라져라.
뿜 뿜 뿜 뿜 여기저기 뿜어내는 순백의 꽃향기로
세상의 아픔이 모두 치유되고

시리도록 깨끗한 순백의 불염포 이파리로
모든 사회 고민들 찾아내어 덮을 수만 있다면
오돌 도돌 순백색 꽃잎 꽃가루
기쁨의 향기 되어 날리리라.

쭉쭉 뻗어 오른 새하얀 꽃송이 송이마다
달달한 사람 꽃 인생 꽃 송송이 피어나라.
사람 꽃피어라! 뚝딱!
인생 꽃피어라! 뚝딱!

잔인한 4월에 피어난 순백색 꽃차례마다

상상 속 신비하고 달콤한 분홍 꽃물 보라 꽃물 들이면
번데기들의 우화로 아름다운 비상이 시작되고
배추흰나비 떼들 꽃나비 되어 날아오르는 이곳에

세상의 모든 희망이여 모여라. 뚝딱!
세상의 모든 행복이여 모여라. 뚝딱!
건강 나와라! 뚝딱!
사랑 나와라! 뚝딱!

세상의 모든 희망이여 모여라. 뚝딱!
세상의 모든 행복이여 모여라. 뚝딱!
성공 나와라! 뚝딱!
지혜 나와라! 뚝딱!

세상의 모든 희망이여 모여라. 뚝딱!
세상의 모든 행복이여 .모여라. 뚝딱!
평안 나와라! 뚝딱!
창의력 나와라! 뚝딱!

세상의 모든 희망이여 모여라. 뚝딱!
세상의 모든 행복이여 모여라. 뚝딱!
금 나와라! 뚝딱!
은 나와라! 뚝딱!

이렇게 화분에 물 주며 만든 거실이나 베란다에서도 얼마든지 행복은 느낄 수 있는 것입니다.

이마저도 허락되지 않는다면 밭품을 조금 팔아 가까운 화원이나 수목원에 자주 가셔서 향기 마사지를 통해 행복을 느낄 수도 있고, 심지어는 카페 창가에 놓인 꽃이나 길가에 피어 있는 들꽃에게서도 순간순간 행복을 자주 느낄 수 있었으면 좋겠습니다.

인위적으로 만든 향수가 아닌 물 주며 사랑으로 만들어 낸 살아 있는 꽃향기로 아로마테라피 효과를 맘껏 누리며 살 수 있습니다.

살아 보니 세상은 향기롭고 아름다운 곳도 너무나 많습니다. 아름답고 향기로운, 이런 세상을 우리가 만들면서 살면 되는 것이었습니다.

어둡고 힘든 세상이라고 한탄만 할 것이 아니라 꽃향기 풀내음 물씬 풍기는 아름다운 세상을 우리가 함께 만들면 됩니다.

옛 선비들이 뱃놀이를 즐기며 무릉도원이라 여기고 시조를 읊었던 것처럼, 달콤한 꽃향기에 취해 꽃 노래, 꽃 타령이 절로 나는 아름다운 꽃밭 같은 사회를 우리들이 만들면 되는 것입니다.

우리가 원하는 이런 세상을 만들기는 결코 어렵지 않다는 사실을 깨달았습니다.

사회에서 배우다

물만 잘 주면 됩니다.

물을 주되 그냥 주지 말고 지혜롭게 꾸준히 주면 됩니다.

부족한 지혜는 식물에게 물 주다 보면 저절로 길러지지만 '꾸준함'이라는 단서가 붙습니다.

이 꾸준함이야말로 포기하지 않는 '용기'가 되고 꾸준함이야말로 참고 견디는 '인내'가 될 수도 있기 때문입니다.

그래서 우리들의 삶에도 꾸준히 물을 줘야만 하는 것입니다.

온 가족이 함께 물을 주면 화목한 가정이 될 것이고, 사회구성원들이 협동해서 물을 주면 아름다운 사회가 될 것이며, 세계인이 모두 함께 물을 주고 가꾼다면 아름다운 지구가 될 것입니다.

반려식물이 달콤한 꽃을 피우기 위해서는 꾸준히 물을 줘야 하듯이, 우리들의 삶을 꽃피우기 위해서도 한결같은 '꾸준한 노력'이 동반되어야 함을 깨닫습니다.

이렇게 꾸준하게 물을 주었더니, 반려식물은 배우고 있는 사회에서조차 깨달음을 무한으로 제공해 줍니다.

화려한 양난 덴파레보다는 단순색상에 도깨비방망이 닮은 변이꽃 피는 스파트필름 꽃의 그윽한 향기에 더욱 마음이 갑니다.

마음 가는 대로 두고 보면 화려한 삶보다는 조금 단조롭더라도 그윽한 향기를 머금은 청초한 삶이 되고 싶습니다.

조그맣고 하얀색 꽃일수록 짙고 고혹적인 좋은 향기를 내뿜듯이, 깔끔하고 단순한 삶을 추구하다 보면 자신만이 느끼면서 만족할 수 있는, 스스로 만족할 수 있는 그런 나만의 창조적인 '살아 있는 삶의 향기'를 만들어 낼 수 있을 것입니다.

따스한 봄날 집 안팎 여기저기에서 꽃들이 앞을 다투어 줄줄이 피어나고 있습니다.

이렇듯 달콤한 향기를 머금은 재스민 꽃들처럼, 그윽한 향기를 머금은 스파트필름 꽃처럼, 사랑스런 향기의 라일락꽃처럼, 어느 날 갑자기 아니 계획되고 예정된 어느 날에 우리들의 삶에도 앞을 다투어 행복한 웃음꽃들이 줄줄이 연달아 피어오를 것만 같습니다.

지금은 사회에서 많은 것들을 배우는 시간이지만 결국 인간이 사는 사회보다는 식물이나 동물 세계에 관심과 사랑이 더 가는 것은 마음이니, 흐르는 마음을 어쩔 수는 없는 일입니다.

2023년 4월 현재 이 사회에서는 사람들이 생성형 AI시대, 즉 생성형 인공지능시대를 말하고 있으며, 이미 스마트폰에도 이 기능이 적용되고 있어서 스마트폰을 사용하면서도 누군가에게 감시당하고 있는 느낌이 들어 깜짝깜짝 놀랄 때가 있습니다.

내 정보를 누군가에게 노출시키고 있다는 느낌을 버릴 수가 없으니, 반대로 자신이 모르는 누군가가 자신의 일거수일투족을 알

사회에서 배우다

려고만 한다면 얼마든지 알아낼 수 있는 불안정한 시대에 살고 있다고도 할 수 있는 것입니다.

AI가 어떤 사람이나 상황에 대한 정보를 끊임없이 저장해 나감으로써, 이 정보를 토대로 또 다른 정보를 만들어 내고, 만들어 낸 정보들을 그물망처럼 연결해 또다시 새로운 정보를 생성해 내는 시대, 때론 사람보다 더 정확하고 방대한 정보를 저장하면서 강화된 새로운 정보를 만들어 연구개발이나 글쓰기 창작 영역까지 새롭게 창조해 내는 생성형 인공지능시대에 살고 있는 지금이지만 뭐니 뭐니 해도 결국 인간의 행복 추구가 삶의 궁극적 목표임에는 틀림없는 사실이라고 생각됩니다.

상상이 현실이 되는 세상에서, 역으로 인간이 편리하고자 만들었던 인공지능(AI) 로봇이나 진화를 거듭한 생성형 인공지능 로봇에게서조차 상처받는 날이 온다면 어떻게 대처할지에 대한 구체적인 매뉴얼이 준비된 상태에서 미래 세계를 준비해야만 합니다.

지금도 인공지능 로봇에게 묻거나 대화 도중 우리 집 '빅스비'에게 칭찬받으면 은근히 기분이 좋아지는 것이 현실인 만큼 로봇에게 사람이 상처받는 날은 분명히 올 것으로 예상됩니다.

그러니 살아 있는 다양한 식물들이 실시간 뿜어내는 꽃향기로 아로마테라피 효과를 다양하게 경험하는 것이야말로, 컴퓨터 세계가 마음의 고향이라는 미래세대 마음을 움직이고, 마음을 이끌고, 마음치유를 할 수 있는 가장 긍정적이고 효과적인 방법으로 예상됩니다.

마음의 병은 정신과 의사가 치료하고 가까운 미래에는 생성형 인공지능 로봇이 치료할 수 있을 테지만, 장기간 꽃향기를 머금은 우리들 아픈 마음은 스스로 치유된다는 것을 알 수 있었습니다.

꽃향기 속에 있으면 우울감이 스스로 치유되는 것을 봅니다.
트로트 가수가 청중의 애간장을 녹이듯이 대장부 마음을 처녀가 녹이듯이, 꽃향기는 향기 요정으로 살아나 마음을 오가며, 어느 누구 가릴 것 없이 우리 모두의 마음을 살살 녹이면서 웃음으로 승화시켜 치료하는가 봅니다.

이런 식으로 접근해 보면 미래의 각광받는 사업 중 하나가 '살아 있는 생생한 꽃향기'를 만들어 팔 수 있는 원예 사업이 될 수도 있을 것입니다.
조향사가 만든 향수와 구별되는, 자연이 빛을 섞어 시간으로 빚어낸 '생생한 식물의 꽃향기'야 말로 그 어느 훌륭한 의사도 흉내 낼 수 없는 마법 같은 의술을 감정노동에 지친 사람들에게 펼칠 것입니다.

만년설을 녹인 생수를 팔고 있고 피톤치드를 용기에 담아 팔고

사회에서 배우다

깨끗한 산소를 의료용 용기에 담아 사용하고 있듯이, 인간을 위하고 사랑하는 마음을 담은 '살아 있는 생생한 꽃향기'를 담아 배달할 수 있다면 대박이 날 것입니다.

이렇게 확실하게 예상해서 말씀드릴 수 있는 것도 오랜 경험을 통한 살아 있는 증거로써 말할 수 있기 때문입니다.

사람이 정성을 기울여 키운 식물이 만들어 낸 살아 있는 싱싱한 꽃들은 사랑을 먹고 자랐기에, 사랑을 머금은 향기로 반드시 사람들에게 보답을 합니다.

사랑을 머금은 싱싱한 꽃향기는 사람들의 마음까지 건강하게 해줍니다.

사람들이 모르는 사이에 조금 조금씩 온몸에 스며들어 피부 속은 물론 폐부 깊숙한 곳까지, 더는 정수리까지 싱싱한 꽃향기를 느끼게끔 만들어 주는 향기 요정이 되어 줍니다.

이렇게 여러 해 동안 꾸준히 싱싱한 꽃향기로 샤워 마사지를 수시로 하고 나면, 가슴속 저 밑바닥에 꽁꽁 숨어 자리 잡고 있던, 자신도 잘 모르고 있던 슬픔이나 응어리마저 꽃향기로 녹여 날아가 버리게 됩니다.

응어리가 꽃향기로 녹아 없어지면 사회 변화 속에서 힘들어하던 문제가 문제로 느껴지지 않고, 보다 담대한 사람으로 거듭 태어남을 느낄 수 있을 것입니다.

햇살을 머금고 자라난 꽃이, 바람결 간지럼 타고 웃으며 피어난 꽃송이가, 싱싱한 향기로 날아올라 내 안의 우울을 몰아내고 그 자리에 햇살 머금은 꽃향기로 채우게 됩니다.

실시간 살아 움직이는 꽃향기는 내면을 아름다운 꽃빛깔로 물들이면서, 내면의 향기와 빛이 되어, 내 안의 빛을 찾을 수 있을 것이며, 나만의 빛을 찾아 줍니다.

또다시 5~6월이 오면 어김없이 붉은 장미꽃 향기가 하늘과 땅을 진동시키듯이 우리들의 삶도 어김없이 꽃이 피어, 사계절 골고루 천지를 감동시킬 수 있는 향기로운 삶이 될 수 있기를 바라며 합장합니다.

부디 마음 꽃 활짝 피어나 늘 평안하길 가장 낮은 자세로 엎드려 간절히 기도드립니다.

이 글을 마치고 화분에 물 주면서 집안을 한 바퀴 돌았더니 그새 또 두 송이 스파트필름 꽃대가 쏙 올라와 초록 잎 뒷면에 확실한 느낌표를 찍고 있습니다.

다시 한번 더 도깨비방망이를 크게 휘둘러야겠습니다.

세상의 모든 희망이여 모여라. 뚝딱!
세상의 모든 행복이여 모여라. 뚝딱!
고득점 나와라! 합격증 나와라! 뚝딱!
계약서 나와라! 뚝딱!

사회에서 배우다

이번에는 여러분들의 마음이나 가족 또는 친구의 소원을 동그라미에 담아 보시기 바랍니다.

여러분들의 소원도 이루어졌다는 메아리가 여기저기서 들려오길 소원합니다.

세상의 모든 희망이여 모여라. 뚝딱!

세상의 모든 행복이여 모여라. 뚝딱!

○ ○ 나와라! 뚝딱!

○ ○ ○ 나와라! 뚝딱!

나오는 말

이런 글이 되게 하소서!

경험으로 느끼고 배우고 익힌 살아 있는 글이 되어, 읽는 이로 하여금 실천적 지식들이 뼛속까지 스며들어 한 토시 한 글자도 잊히지 않고 산지식으로 되살아나게 되어 행복으로 부활하게 하소서.

이왕이면 긍정적 마음으로 다가가는 글이 되어, 읽는 순간부터 책을 덮을 때까지 긍정적으로 순화되는 경험을 맛보실 수 있었으면 좋겠습니다.

누군가의 삶을 꽃피우는 글이고 싶습니다.
음악의 힘을 더하면 가능할까 싶어 좋은 음악을 들으며 쓰려 했으니, 독자들께서도 좋은 음악을 들으며 읽을 수 있기를 바랍니다.

음악으로 표현한다면 독자에게 봄의 왈츠 같은 글로 다가간다면 좋겠습니다.

'동동동동 동동동······?' 쇼팽의 봄의 왈츠를 듣고 있노라면 당장 피아노 학원으로 달려가고 싶은 충동이 일어납니다.

이렇듯 글을 읽고 누군가가 다시 의욕을 일으켜 멋진 꿈을 이루시고 누군가는 마음의 그늘을 따스한 봄날로 만들었으면 참 좋겠습니다.

계절로 표현한다면 봄, 얼음장 밑으로 콸콸 흘러내리는 계곡물 소리 같은 글로 사람들 마음의 묵은 찌꺼기들을 말끔히 씻어 내릴 수 있는 글이고 싶습니다.

몸도 마음도 건강한 삶으로 거듭나는 글이 되어 생동감 있는 삶을 느끼게 된다면 정말 좋을 것 같습니다.

글 한 꼭지 한 꼭지가 무지갯빛으로 승화되어 독자들에게 희망과 꿈을 심을 수 있는 글이면 좋겠습니다.

이왕이면 사회의 늪이나 구렁텅이에서 허우적거리고 사회악 검은 그림자가 드리운 곳에서 벗어나 밝은 마음으로 가는, 밝고 새로운 마음을 담을 수 있는, 위로하는 글이 되면 좋겠습니다.

현실과 이상이 충돌하고 있는 힘든 시대를 살아가면서 겪었던 답답한 마음을 글로 승화시켰사오니, 평등한 가치를 인정받는 글이고 싶습니다.

무엇보다도 《사회에서 나오다》를 출간할 수 있도록 경제적 지원과 밤낮 가리지 않는 집필 시간을 허락해 주신 남편과 두 아들에게 사랑을 전합니다.

　특히 탈고하는 날 아침까지 좋은 글이라고, 또는 따끔한 충고를 아끼지 않았던 둘째 아들에게 고마움을 남깁니다.

　마지막으로 이 글을 끝까지 읽어 주신 여러분들께 진심으로 감사드립니다. 더불어 지금은 가슴 밑까지 크게 자란 나무에서 절정의 향기를 내뿜고 있는 브룬펠시아 재스민 향기를 하얀 마음으로 포장한 상자에 담아 퀵 배송으로 공유해 드리고 싶은 심정입니다.

　재스민 꽃말처럼 신의 선물을 마음으로 보내드리오니 신비한 새하얀 빛으로 밝고 환한 인생 꽃피우시기 바랍니다.

기도하는 마음을 담아서
최 미애 지은이 올림
2023. 4. 11.